1,50

Butterkuchen & Quittenbrot

Helene Holunder

Butterkuchen und Quittenbrot

Omas Schätze vegan interpretiert

Jan Thorbecke Verlag

VERLAGSGRUPPE PATMOS

PATMOS
ESCHBACH
GRÜNEWALD
THORBECKE
SCHWABEN

Die Verlagsgruppe
mit Sinn für das Leben

*Zur Erinnerung an Oma Helene,
Oma Maria und alle anderen lieben
Omis, die uns mit ihren Koch- und
Backkünsten verwöhnt haben!*

Für die Verlagsgruppe Patmos ist Nachhaltigkeit ein
wichtiger Maßstab ihres Handelns. Wir achten daher
auf den Einsatz umweltschonender Ressourcen und
Materialien.

© 2017 Jan Thorbecke Verlag, ein Unternehmen der
Verlagsgruppe Patmos in der Schwabenverlag AG,
Ostfildern
www.thorbecke.de

Gestaltung: Finken & Bumiller, Stuttgart
Druck: Drogowiec, Kielce
Hergestellt in Polen
ISBN 978-3-7995-1195-7 (Print)
ISBN 978-3-7995-1247-3 (eBook)

Inhalt

Vorwort

„Liebe Hausfrau! Dieses Buch ist Ihnen gewidmet!"
So beginnt das „Brevier für Feinschmecker" von 1957, welches ich neben Oma Helenes sehr viel
älteren handschriftlichen Rezepten in ihrem Bücherschrank fand. Im Gegensatz zu den teilweise
verknickten und mit Flecken versehenen Seiten ihrer eigenen Aufzeichnungen scheint dieses
Büchlein wenig benutzt worden zu sein. Der Titel meint ja auch den männlichen Feinschmecker, der
von der „lieben Hausfrau" bekocht werden soll. Oma war 1957 bereits Witwe, vielleicht fühlte sie
sich nicht angesprochen, vor allem, wenn sie das Vorwort gelesen haben sollte, in dem es weiter
heißt: „Nichts steht bei alten und jungen Ehemännern höher im Kurs als der Küchenruhm ihrer
Frauen!" Wahrscheinlicher ist jedoch, dass sie auf ihre ganz pragmatische Art die eigenen und
erprobten Rezepte einfach bevorzugte!

Viel Zeit ist vergangen - heute stehen bereits ihre Urenkel am Herd, und Kochen wird von ihnen glücklicherweise nicht mehr rollentradiert bewertet. Das Thema Ernährung ist in unserer Gesellschaft momentan durch ganz andere Faktoren geprägt: Überfluss, Massentierhaltung, Lebensmittelskandale, aber auch einseitige Ernährung, Diätenwahn, Essen als Ersatzreligion … die Liste lässt sich weiter fortsetzen! Gehören Begriffe wie „satt sein", „einfach", „lecker" und „genießen" in eine vergangene Zeit?

Die Tatsache, dass die Rezeptbücher meiner beiden Omas Helene und Maria heute aufgeschlagen in unserer Küche liegen, beweist das Gegenteil. Sie sind eine Fundgrube für die Gerichte der Kindheit, und wir beglücken Freunde und Freundinnen mit „Omas Klassikern", die sich überraschend oft mit unseren Geschmacksvorlieben decken.

Neben den fleisch-, ei- und milchbetonten Gerichten , die z.B. auf der „Schule für höhere Töchter" gelehrt und gekocht wurden, überzeugen viele Rezepte gerade auch aus der Nachkriegszeit ohne diese Zutaten und sind damit vegan! Später, in der Zeit des sogenannten Wirtschaftswunders, änderte sich das Essverhalten auch in den Familien meiner Omas. Fleisch, Sahne und Eier waren wieder im Überfluss vorhanden und wurden großzügig

eingesetzt. Immerhin war die auch aus heutiger Sicht anzustrebende Resteverwertung der Speisen nach wie vor ein wichtiger Bestandteil ihres Kochens - die Entbehrungen der Kriegszeit hatten Spuren hinterlassen. Hinzu kam die Verwendung von Dosengemüse und Dosenobst, Ketchup und Fertigsaucen. Oma Helene z.B. bezeichnete diese Zutaten in ihrer unnachahmlichen Art als „neumodischen Kram" und kochte weiterhin Linseneintopf, weckte Gurken und Kürbis ein und briet für die Enkel Arme Ritter und Püfferchen mit frischem Apfelmus. Sie liebte die Aprikosen und Pflaumen aus ihrem Garten und verarbeitete zur Erntezeit Unmengen an Obst und Gemüse. Diese Leckereien sind heute sehr beliebt - gerade bei den Urenkeln. Mit den vorliegenden Rezepten habe ich eine kleine Auswahl an „Omas Klassikern" zusammengestellt. Nicht alle Gerichte stammen von Oma Helene und Oma Maria, obwohl sich allein mit ihren Rezepten mehrere Kochbücher füllen ließen. Doch mein Buchvorhaben löste in der Familie und bei Freunden eine rege Diskussion über die Lieblingsspeisen der Vergangenheit aus, und ich bekam im Anschluss Rezepte von Tanten, betagten Nachbarinnen und den Omis und Müttern meiner Freundinnen. Deshalb gibt es in diesem Buch nun z.B. die Buchweizentorte, die zum Festtagsschmaus der Moorbauern gehörte und von mir seit Jahrzehnten geliebt, von Oma Helene mit ihren westfälischen Wurzeln und meiner niederländischen Oma Maria aber nicht gebacken wurde. Auch das Rezept für Plum und Klüten, als Gericht beheimatet im Bremer Umland, stammt nicht aus unserer Familie. Diesen Eintopf aus Backpflaumen, Mehlklößen (und geräuchertem Fleisch) aß ich als Kind bei unseren Nachbarn. So ist das Buch basierend auf den Rezepten mehrerer Omis entstanden. Gemeinsam ist allen Gerichten, dass die nichtveganen Zutaten übersichtlich sind und sich gut ersetzen lassen. Und dabei müssen nur wenige hochverarbeitete Ersatzprodukte zum Einsatz kommen, wie sie heute leider auch für die moderne vegane Ernährung gerne angeboten und genutzt werden.

Einige Rezepte wurden in Bezug auf die Zeitersparnis „modernisiert". Während Oma damals tagelang „einweckte", finden sich hier z.B. Essiggurken, die nicht mehr aufwändig eingekocht werden müssen, oder Pflaumenmus, das ohne stundenlanges Rühren einfach im Backofen gart. Und darüber hinaus gibt es natürlich weitere Klassiker wie z.B. Birnen, Bohnen und Speck (ohne Speck), Käsekuchen und Frankfurter Kranz!

Alle Rezeptzutaten, die für die Gerichte verwendet werden, sind vegan, auch wenn dieser Hinweis in den Zutatenlisten nicht explizit ausgewiesen wird (z.B. bei Margarine, Quark oder Käse).
Wenn nicht anders angegeben, beziehen sich die Temperaturangaben für den Backofen immer auf Ober- und Unterhitze.

Ich freue mich, wenn meine vegan interpretierten Rezepte unserer Omas und die kleinen Geschichten zu den Gerichten dazu beitragen, ein Stück Kindheit aufleben zu lassen und trotzdem einen zeitgemäßen Genuss ermöglichen.

Viel Spaß beim Lesen und Nachkochen wünscht

Helene Holunder

Käsekuchen
mit Äpfeln

Worüber unterhielten sich Omas Helenes Nachbarinnen, wenn sie Kaffeeklatsch hielten, dabei aus den Goldrand-Sammeltassen tranken und zwischendurch am Schnäpsken nippten? Neben den wirklich wichtigen Themen wurden auf jeden Fall die Rezepte für den einzig wahren Käsekuchen diskutiert! Und hier gab es mindestens so viele Meinungen wie Damen, die an Omas Tisch saßen. Mit oder ohne Boden, Sahne- oder Magerquark, 2 oder 4 Eier, Vanillepuddingpulver oder Stärke, Äpfel oder Rosinen, Zitronenaroma oder Zitronensaft – ach, so viele Möglichkeiten! Oma buk ihren Käsekuchen jedenfalls mit Stärke (und nicht mit Vanillepuddingpulver), mit richtigem Zitronensaft (und nicht mit Zitronenaroma) sowie Äpfeln aus ihrem Garten. Hier ist meine vegane Variante dieses Käsekuchens.

**ZUTATEN FÜR EINE SPRINGFORM
MIT 17 CM DURCHMESSER**

TEIG

120 g Mehl
60 g Zucker
1 Prise Salz
1 TL gemahlene Vanille
1 TL Backpulver
70 g Margarine

FÜLLUNG

360 g Seidentofu
150 g Apfel
40 g Rosinen
15 g Margarine + 110 g geschmolzene Margarine
15 g + 90 g Zucker
1 Bio-Zitrone, Abrieb und Saft
180 g Tofu, natur (fest)
40 g Stärke (Weizenstärke)
1 TL gemahlene Vanille
1 Prise Salz

1. Die Zutaten für den Teig verkneten. Den Boden einer Springform mit ca. 17 cm Durchmesser mit Backpapier auslegen, den Teig eindrücken und einen hohen Rand formen. Die Form in den Kühlschrank stellen.

2. Für die Füllung den Seidentofu in einem mit Küchenpapier ausgelegten Sieb abtropfen lassen.

3. Den Apfel schälen und in Spalten schneiden. In einem Topf die Apfelspalten, die Rosinen, die 15 g Margarine und die 15 g Zucker ca. 3-5 Minuten dünsten, dann abkühlen lassen. Den Backofen auf 160 °C Umluft vorheizen.

4. Die Zitrone abreiben, den Saft auspressen. Den Seidentofu und den festen Tofu mit dem Zitronensaft und dem Abrieb, den 90 g Zucker, der geschmolzene Margarine, der Weizenstärke, der Vanille und dem Salz im Hochleistungsstandmixer zu einer homogenen Creme mixen.

5. Die Apfelmasse auf den Teigboden geben, die Creme daraufüllen und den Kuchen auf der mittleren Schiene ca. 35 Minuten backen (Stäbchenprobe machen). Den Kuchen am besten über Nacht in der Form lassen.

6. Die Menge der Zutaten kann verdoppelt werden und reicht dann für eine 26 cm Springform. Die Backzeit verlängert sich dann natürlich - Stäbchenprobe machen!

Pflaumenkuchen
mit Streuseln

Oma Helene liebte die Früchte des Spätsommers. Heute zaubert mir die Pflaumenernte süße Erinnerungen an Oma, denn bei ihr gab es Pflaumenkompott, Pflaumensuppe, Pflaumenmus und natürlich Pflaumenkuchen. Sie buk ihn entweder auf dem Blech mit knusprigem Knetteig oder in der Springform mit Streuseln und Puddingfüllung - mmh! Dieser steht nun bei uns im September auf dem Kaffeetisch, heute natürlich vegan!

ZUTATEN FÜR EINE SPRINGFORM MIT 24 CM DURCHMESSER

TEIG

450 g Mehl
170 g Zucker
4 TL Backpulver
1 TL gemahlene Vanille
190 g Margarine
ca. 4 EL Wasser

FÜLLUNG

1 Pk. Vanillepuddingpulver
3 EL Zucker + 50 g Zucker
500 ml Pflanzenmilch
150 g Marzipan
300 g entsteinte Pflaumen
1 TL Zimt

1 Den Backofen auf 180 °C Umluft vorheizen. Aus den ersten 6 Zutaten einen Teig kneten, kalt stellen. Zwei Drittel des Teiges in eine mit Backpapier ausgelegte Springform (24 cm) drücken.

2 Das Puddingpulver mit 3 EL Zucker und 100 ml Milch verrühren. Die restliche Milch zum Kochen bringen, das angerührte Pulver unterrühren und erneut aufkochen lassen. Den Topf vom Herd nehmen. Das Marzipan reiben und unterrühren, bis es sich gelöst hat. Den Pudding etwas abkühlen lassen und auf den Teig gießen. Die Pflaumen darauf verteilen, den Rest des Teiges mit dem Zimt vermischen und als Streusel darüber verteilen, den restlichen Zucker auf die Streuseln geben. Den Kuchen ca. 25 Minuten backen.

Frankfurter Kranz

Die Kaffeekanne wurde aus dem Warmhaltepuff genommen, das Spitzendeckchen raschelte – gespannt wartete die Gesellschaft auf den Höhepunkt des „Tortengelages": Oma wuchtete den im doppelten Sinne schweren Frankfurter Kranz auf den Tisch! Unter knusprigem Haselnusskrokant und einer dicken Buttercremeschicht verbarg sich ein saftiger Kuchen, der mit Johannisbeergelee und zwei weiteren Schichten Buttercreme gefüllt war. Am besten schmeckte mir als Kind die Cremerosette mit der nach Marzipan duftenden (und natürlich sehr künstlichen) Cocktailkirsche, den Rest überlies ich gerne den Erwachsenen! Heute liebe ich ein Stück vom veganen Gesamtkunstwerk – auf jeden Fall mit Kirsche!

ZUTATEN FÜR EINE GUGLHUPFFORM

TEIG

500 g Sojajoghurt (Vanille)
200 g Zucker
200 ml mildes Öl
600 g Mehl (Type 450)
1,5 Pk. Backpulver
1 TL gemahlene Vanille
2 Prisen Salz

CREME

1 Pk. Vanillepuddingpulver
500 ml Sojamilch (Vanille)
250 g Zucker
500 g zimmerwarme Margarine

KROKANT

1 EL Margarine
50 g Zucker
200 g gehackte Haselnüsse oder Mandeln

AUSSERDEM

ca. 150 g Johannisbeergelee
1 EL Rum (optional)
Cocktailkirschen zur Dekoration

1. Den Backofen auf 175 °C Umluft vorheizen. In der Küchenmaschine den Joghurt mit dem Zucker verrühren, bis der Zucker sich gelöst hat. Das Öl unterrühren. Das Mehl mit dem Backpulver, der Vanille und dem Salz vermischen und ebenfalls unterrühren, bis ein homogener Teig entstanden ist. Jedoch nicht lange rühren, da der Teig sonst nicht so gut aufgeht. Den Teig in eine gefettete und mit Mehl ausgestäubte Guglhupfform geben und auf der mittleren Schiene ca. 50 Minuten backen (Stäbchenprobe machen). Den Kuchen etwas auskühlen lassen und auf eine Platte stürzen.

2. Für die Creme das Vanillepuddingpulver mit ca. 100 ml Sojamilch und 100 g Zucker glatt rühren. Die restliche Sojamilch mit dem restlichen Zucker aufkochen, die angerührte Puddingmischung unter die Milch rühren und nochmals aufkochen. Den Pudding auf Zimmertemperatur abkühlen lassen.

3. Die zimmerwarme Margarine mit dem Handrührgerät schaumig rühren, den Pudding löffelweise hinzugeben und weiterrühren, bis eine fluffige Creme entstanden ist. Bis zum Füllen des Kranzes die Creme in den Kühlschrank stellen.

4. Für den Krokant in einer beschichteten Pfanne Margarine und Zucker schmelzen. Wenn der Zucker gelöst ist und eine leicht hellbraune Farbe annimmt, die gehackten Nüsse zugeben und diese bis zur gewünschten Bräune karamellisieren. Die Masse auf Backpapier ausstreichen, auskühlen lassen und in Stückchen brechen oder hacken.

5. Den erkalteten Kuchen zweimal waagerecht durchschneiden. Das Johannisbeergelee (Oma hat das Gelee mit Rum verfeinert, ich verzichte heute darauf) auf den unteren Boden streichen, danach mit einem Drittel der Creme bestreichen. Den Mittelteil des Kuchens daraufsetzen und mit einem weiteren Drittel der Creme bestreichen. Vom letzten Drittel der Creme etwas für die Rosetten zur Seite stellen. Mit der restlichen Creme den Kuchen bestreichen, ihn mit Krokant bestreuen und mit Creme-Rosetten und Cocktailkirschen verzieren.

Buchweizentorte

In Kindertagen durfte die Buchweizentorte auf keiner Kaffeetafel unserer Nachbarschaft fehlen, doch den herbwürzigen Geschmack des Buchweizens in Verbindung mit dem süßen Marzipan lernte ich erst als Studentin lieben. In der WG buk Freundin Silke nach einem Rezept ihrer Oma sehr oft diese Leckerei für uns – wir waren erwachsen und begeistert!

ZUTATEN FÜR EINE SPRINGFORM MIT 26 CM DURCHMESSER

150 g Weizenmehl
150 g fein gemahlenes Buchweizenmehl
120 g Zucker
3 TL Backpulver
½ TL Natron
1 TL Zimt
1 Prise Salz
1 Bio-Zitrone, Abrieb
250 ml Pflanzenmilch (ich nehme Soja- oder Hafermilch)
90 ml Albaöl (oder anderes Rapsöl mit Buttergeschmack)
300 g aufschlagbare Pflanzensahne
1 Pk. Sahnesteif
1 TL gemahlene Vanille
200 g Preiselbeerkonfitüre
1 Marzipandecke

❶ Den Backofen auf 180 °C Umluft vorheizen. Beide Mehlsorten mit dem Zucker, dem Backpulver, dem Natron, dem Zimt und dem Salz mischen. Die Zitronenschale mit der Pflanzenmilch und dem Öl mischen und mit der trockenen Mischung verrühren. Den Teig in eine mit Backpapier ausgelegte Springform (Durchmesser 26 cm) geben und ca. 20-30 Minuten auf der mittleren Schiene im Backofen (Stäbchenprobe) backen. Den Kuchen auskühlen lassen.

❷ Dann mit einem langen Messer den Kuchen horizontal in drei Böden schneiden. Die Pflanzensahne mit dem Sahnesteif und der Vanille steif schlagen. Den unteren der drei Böden auf eine Platte legen und die Preiselbeeren – etwas davon für die Dekoration zurückbehalten- darauf verteilen. Ein Drittel der Sahne auf die Preiselbeeren streichen. Den zweiten Boden auflegen und mit dem zweiten Drittel der geschlagenen Sahne bestreichen. Darauf den dritten Boden geben und die Torte ringsum mit Sahne bestreichen. Mit der Marzipandecke belegen und mit Preiselbeeren garnieren.

Russischer Zupfkuchen

Oma Marianne (die Oma meines allerliebsten Ehegatten) war gesundheitsbewusst. Ihr Mann bekam das Mittagessen als Tellergericht und salzarm serviert, denn als Senior sollte er fit bleiben. Auch der Nachtisch wurde – nicht nur für ihn, sondern auch für die Enkel – portioniert und in kleine Schälchen abgefüllt. Einen Nachschlag gab es nicht! Eine Ausnahme machte sie für den Russischen Zupfkuchen. Von dem durfte man ein zweites Stückchen naschen, denn Quark und wenig Zucker machten ihn in ihren Augen zu einer halbwegs gesunden Köstlichkeit! Meine Version ist sogar cholesterinarm und hätte Oma Marianne sicherlich erfreut!

**ZUTATEN FÜR EINE SPRINGFORM
MIT 26 CM DURCHMESSER**

TEIG

200 g Mehl
110 g Zucker
120 g Margarine
1 TL gemahlene Vanille
1 Pk. Backpulver
40 g dunkler Kakao
1 Prise Salz
evtl. etwas Soja- oder Hafermilch

FÜLLUNG

1 Pk. Vanillepuddingpulver
4 EL Sojamilch
120 g Zucker
800 g Sojajoghurt (Vanille)
200 g geschmolzene Margarine

1 Den Backofen auf 160 °C Umluft vorheizen. Für den Teig alle Zutaten verkneten, evtl. etwas Milch zufügen, wenn er zu trocken sein sollte. Die Hälfte des Teiges in eine mit Backpapier ausgelegte Springform (26 cm) drücken, einen Rand hochziehen und den Teig kühl stellen.

2 Das Puddingpulver mit der Sojamilch und 2 EL von dem Zucker glatt rühren. Die restlichen Zutaten für die Füllung hinzugeben und alles zu einer Creme verrühren.

3 Die Füllung in die Springform geben. Aus dem restlichen Teig Krümel formen und diese auf die Füllung legen.

4 Den Kuchen auf der mittleren Schiene ca. 60 Minuten backen (Stäbchenprobe machen). Evtl. den Kuchen für die letzten 15 Minuten abdecken, falls die Oberfläche zu dunkel wird. Am besten über Nacht den Kuchen in der Form kühl stellen, dann aus der Form nehmen und servieren.

Kaffeekuchen

Als der lösliche Kaffee im Städtchen meiner Oma modern wurde, entdeckte man ganz ungeahnte Verwendungs-möglichkeiten! Plötzlich wurden Desserts und Saucen mit dem Pulver aromatisiert und natürlich auch Buttercreme und Kuchen. Dieses Rezept war einfach in der Zubereitung und günstig durch die Zutaten. Es passte in die Kategorie „ein Stück Kuchen zum täglichen Käffchen am Nachmittag".

ZUTATEN FÜR EINE KASTENFORM

TEIG

250 g Weizenmehl
125 g Zucker
1 TL gemahlene Vanille
3 TL Backpulver
1 Prise Salz
3 TL löslicher Kaffee
3 Tropfen Backaroma Bittermandel
ca. 200 ml Pflanzenmilch (ich nehme Soja-
    oder Mandelmilch)
150 g Margarine

GUSS

125 g Zartbitterschokolade
1 EL Margarine
1 EL Ahornsirup
50 ml Pflanzensahne
1 TL gemahlene Vanille

AUSSERDEM

Fett und Paniermehl für die Form

❶ Den Backofen auf 175 °C Umluft vorheizen. Das Mehl mit dem Zucker, der Vanille, dem Backpulver und dem Salz mischen. Das Kaffeepulver und das Backaroma in der Milch auflösen und zusammen mit der Margarine zu den trockenen Zutaten geben, alles zu einem Teig verrühren.

❷ Eine Kastenform fetten und mit Paniermehl ausstreuen. Den Teig einfüllen und den Kuchen auf der mittleren Schiene ca. 35 Minuten (Stäbchenprobe) backen. Evtl. den Kuchen für die letzten 10 Minuten abdecken, falls die Oberfläche zu dunkel wird.

❸ Für den Guss alle Zutaten im Wasserbad schmelzen und verrühren. Den Kuchen mit dem Guss überziehen.

Butterkuchen

Er ist neben der Hochzeitssuppe unverzichtbarer kulinarischer Bestandteil bei allen offiziellen Anlässen in Niedersachsen und Bremen. Von der Taufe bis zur Beerdigung versüßt der Butterkuchen den Kaffee der geladenen Gäste – Oma nannte ihn deshalb „Freud-und-Leid-Kuchen"! Wir können anscheinend nicht genug von ihm bekommen, denn auch „privat" liebt meine Familie den Zuckerkuchen – frisch aus dem Holz-Backofen, der vom allerliebsten Ehegatten dafür gerne angeheizt wird!

ZUTATEN FÜR EIN BACKBLECH

HEFETEIG „HELENES FAVORIT"

280 ml lauwarme Pflanzenmilch (ich nehme
   Hafer- oder Mandelmilch)
2 EL Zucker
1 Pk. Trockenhefe (9 g)
500 g Weizenmehl (Type 450)
2 TL Backpulver
2 TL Salz
1 TL Zitronensaft
3 EL Olivenöl

BELAG

170 g vegane Margarine
200 g feiner Zucker
Mark von ½ Vanilleschote
1 Prise Salz
50 ml Hafersahne
200 g gehobelte Mandeln

❶ In einer Schüssel die Milch, den Zucker und die Hefe miteinander verrühren und 10 Minuten ruhen lassen. Die Hefe startet und wirft Blasen.

❷ Alle anderen Zutaten für den Teig unter Rühren nach und nach zur Hefemischung geben. Entweder von Hand oder in der Küchenmaschine einen weichen, elastischen Teig kneten. Ist er zu fest, etwas Milch hinzugeben, ist er zu klebrig, etwas Mehl unterkneten.

❸ Nun darf der Teig ruhen und aufgehen. Dazu gebe ich den zur Kugel geformten Teig in einen ausreichend großen Gefrierbeutel (die Teigmenge verdoppelt sich), schließe ihn und lege den Beutel in die Rührschüssel, die ich mit warmem Wasser gefüllt habe. Dort vergesse ich ihn für mindestens eine Stunde. Die Hefe bekommt durch die Wärme und das Klima im Beutel optimale Bedingungen und zaubert mir einen wunderbaren Teig.

❹ Den Backofen auf 180 °C vorheizen. Den Teig halbieren, die eine Hälfte kann im Kühlschrank für 3-4 Tage gelagert oder im Gefrierschrank eingefroren werden und für weitere Leckereien verwendet werden (z.B. für nachfolgendes Rezept). Die andere Hälfte wird auf einem mit Backpapier ausgelegten Backblech auf die Größe des Bleches ausgerollt und ca. 5 Minuten auf der mittleren Schiene vorgebacken.

❺ Für den Belag in einer Schüssel die Margarine mit dem Zucker schaumig rühren. Das Vanillemark hinzufügen und das Salz, die Hafersahne und die Mandeln unterrühren. Die Zucker-Mandel-Mischung gleichmäßig auf dem vorgebackenen Teig verteilen. Den Kuchen mit einer Gabel einstechen und weitere 10-15 Minuten bei 200 °C backen, bis der Belag goldbraun ist. Herausnehmen, abkühlen lassen und in Stücke schneiden.

Hefeblechkuchen
mit Pudding, Mohn und Streuseln

Die Kinder lieben ihn mit Pudding, die Erwachsenen mit Mohn, und Omas Hefeblechkuchen stellt alle zufrieden! Unter die eine Hälfte des Pudding-Belags wird einfach Mohnzubereitung gerührt, so dass sich eine Hälfte Blechkuchen mit Pudding und eine Hälfte Blechkuchen mit Mohnfüllung ergibt! Ach ja, der Kuchen darf gerne einen Tag durchziehen, bevor er angeschnitten wird!

ZUTATEN FÜR EIN BACKBLECH

TEIG

½ Rezept Hefeteig „Helenes Favorit"
 (siehe S. 20)

BELAG

2 Pk. Vanillepuddingpulver
5 EL Zucker
800 ml Pflanzenmilch

MOHNFÜLLUNG

125 g gemahlener Mohn
ca. 100 ml heiße Pflanzenmilch
25 g Margarine
ca. 50 g Zucker
1 TL gemahlene Vanille
ein paar Tropfen Backaroma Bittermandel
(Rum-)Rosinen nach Geschmack

STREUSEL

300 g Weizenmehl (Type 450)
250 g Margarine
150 g Zucker
1 TL gemahlene Vanille
1 TL Zimt
Puderzucker zum Bestäuben

1 Den Teig wie auf S. 20 beschrieben zubereiten und anschließend auf einem mit Backpapier ausgelegten Backblech ausrollen. Für den Belag das Puddingpulver mit dem Zucker und etwas Pflanzenmilch klümpchenfrei anrühren. Die übrige Milch zum Kochen bringen. Das angerührte Pulver in die Milch rühren, unter Rühren aufkochen lassen und den Pudding abkühlen lassen.

2 In einer Schüssel den Mohn mit der heißen Pflanzenmilch verrühren und diesen Brei ca. 15 Minuten quellen lassen. Dann die Margarine, den Zucker, die Vanille, das Backaroma und, falls gewünscht, die (Rum-)Rosinen unterrühren.

3 Den Backofen auf 200 °C vorheizen.

4 Für die Streusel das Mehl mit der Margarine, dem Zucker, der Vanille und dem Zimt verkneten. Den Pudding halbieren und eine Hälfte mit der Mohnzubereitung verrühren. Dann den Pudding auf die eine Hälfte und den Mohn-Pudding auf die andere Hälfte des Hefeteiges verteilen und alles mit Streuseln bedecken. Auf der mittleren Schiene ca. 20 Minuten backen. Abkühlen lassen und mit Puderzucker bestäuben.

Mini-Hefeschnecken mit *Möhren-Mandelfüllung*

Rosinenschnecken aus Hefeteig gab es bei Oma zu Ostern. Meine Kinder mochten die Rosinen nicht, also wurde das Rezept irgendwann abgeändert. Möhrenraspel und Mandelmus machen aus den Schnecken eine Leckerei, die jetzt prima zum Osterbrunch passt!

ZUTATEN FÜR CA. 45 SCHNECKEN

TEIG

½ Rezept Hefeteig „Helenes Favorit" (siehe
  S. 20) oder ca. 450 g fertiger Hefeteig

FÜLLUNG

300 g Möhren
2 EL Zucker
ca. 3 EL Mandelmus
2 TL Zimt
1 TL abgeriebene Bio-Orangenschale

GUSS

ca. 100 g Puderzucker
etwas Orangensaft

❶ Den Hefeteig wie auf S. 20 beschrieben zubereiten. Den Backofen auf 180 °C vorheizen. Den Hefeteig zu 2 Rechtecken (ca. 15 cm × 40 cm) ausrollen. Die Möhren waschen und fein raspeln. In einer Schüssel die Möhrenraspel, den Zucker, das Mandelmus, den Zimt und die Orangenschale verrühren. Die Masse auf den Teig streichen und die Teigrechtecke von der langen Seite her aufrollen. Die Rollen in fingerdicke Scheiben schneiden und diese auf ein mit Backpapier ausgelegtes Backblech legen. Die Schnecken auf der mittleren Schiene ca. 10 Minuten leicht gebräunt backen.

❷ Für den Guss den Puderzucker mit wenig Orangensaft zähflüssig anrühren und mit einem Löffel den Guss in Streifen über die Schnecken ziehen. Die Mini-Hefeschnecken sofort vernaschen, sie können aber auch gut eingefroren werden und sind aufgrund ihrer Größe schnell aufgetaut!

Lenes Apfel-Zwiebel-Schnitten mit Thymian

Für dieses Rezept wurden am liebsten die ersten Falläpfel aus dem Garten verwendet. Doch natürlich gab es keine fertigen Röstzwiebeln, sondern die frischen Zwiebelwürfel wurden angebraten. Ich habe das Rezept etwas vereinfacht.

ZUTATEN FÜR 10 SCHNITTEN

TEIG

½ Rezept „Helenes Favorit" (siehe S. 20) oder
  450 g fertiger Hefeteig

FÜLLUNG

400 g säuerliche Äpfel
2 TL Thymianblättchen
½ TL Salz
Pfeffer
50 g Röstzwiebeln
150 g geriebener Käse
Olivenöl zum Bestreichen

1 Den Hefeteig wie auf S. 20 beschrieben zubereiten. Den Backofen auf 200 °C vorheizen. Den Teig zu einem Rechteck von ca. 30 × 40 cm ausrollen. Die Äpfel schälen, vierteln, das Kerngehäuse entfernen und zusammen mit dem Thymian und dem Salz im Hochleistungsmixer in ca. 1-2 Umdrehungen zerkleinern. Es sollen Apfelstückchen sichtbar bleiben. Die Apfelmasse mit Pfeffer herzhaft abschmecken und auf dem Teig verstreichen.

2 Die Röstzwiebeln und den Käse auf der Apfelmasse verteilen. Das Teigrechteck von der kurzen Seite her aufrollen. Darauf achten, dass nicht zu locker aufgerollt wird, damit die Schnitten nach dem Backen nicht auseinanderfallen. Die Teigrolle in 3 cm dicke Scheiben schneiden und diese auf ein mit Backpapier ausgelegtes Backblech legen. Die Scheiben mit Olivenöl bestreichen und auf der mittleren Schiene ca. 10 Minuten backen. Lenes Apfel-Zwiebel-Schnitten schmecken am besten lauwarm. Dazu passt z.B. ein Glas junger Wein oder Federweißer!

Franzbrötchen

Warum das Franzbrötchen in die Kategorie Brötchen gehören sollte, war mir als Kind völlig unverständlich, denn mit der köstlichen Füllung aus Butter, karamellisiertem Zucker und Zimt schmeckte es besser als so manches Stück Kuchen. Aber deshalb servierte Oma die leckeren Dinger ja auch nicht zum Frühstück! Sie verwendete für die Hamburger Spezialität übrigens einen Plunderteig, der mit reichlich Butter, ähnlich wie ein Blätterteig, mehrmals gefaltet wurde. Dieses Rezept ist nicht so aufwendig, aber ziemlich lecker und natürlich vegan!

ZUTATEN

TEIG (= 1 REZEPT HEFETEIG „HELENES FAVORIT")

280 ml lauwarme Pflanzenmilch (ich nehme
   Hafer- oder Mandelmilch)
4 EL Zucker
1 Pk. Trockenhefe (9 g)
500 g Mehl (Type 450)
2 TL Backpulver
2 TL Salz
1 TL Zitronensaft
3 EL Olivenöl

FÜLLUNG

100 g Margarine
50 g Zucker
1 EL Zimt

AUSSERDEM

Zimt
Zucker
Margarineflöckchen

1 In einer Schüssel die Pflanzenmilch, den Zucker und die Hefe miteinander verrühren und 10 Minuten ruhen lassen. Die Hefe startet und wirft Blasen. Alle anderen Zutaten unter Rühren nach und nach zur Hefemischung geben. Entweder von Hand oder in der Küchenmaschine einen elastischen Teig kneten. Ist er zu fest, etwas Milch hinzugeben, ist er zu klebrig, etwas Mehl unterkneten.

2 Nun muss der Teig ruhen und aufgehen. Dazu gebe ich den zur Kugel geformten Teig in einen ausreichend großen Gefrierbeutel (die Teigmenge verdoppelt sich), schließe ihn und lege den Beutel in die Rührschüssel, die ich mit warmem Wasser gefüllt habe. Dort vergesse ich das Ganze für mindestens eine Stunde. Die Hefe bekommt durch die Wärme und das Klima im Beutel optimale Bedingungen und geht prima auf.

3 Den Backofen auf 170 °C vorheizen. Die Arbeitsfläche mit Mehl bestäuben und den Hefeteig darauf zu einem großen Rechteck (ca. 30 × 40 cm) ausrollen.

4 Für die Füllung die Margarine mit dem Zucker und dem Zimt verrühren und auf den Teig streichen. Den Teig von der Längsseite her aufrollen, in 4 cm breite Streifen schneiden und mit Abstand auf ein mit Backpapier ausgelegtes Backblech legen. Den Stil eines Kochlöffels mittig in die Rollen drücken (Ich bewege den Stil dabei ein wenig hin und her und drücke ihn fast bis zum Boden). Dadurch tritt die Schneckenform seitlich aus den Rollen heraus und die bekannte Franzbrötchenform entsteht.

5 Die Franzbrötchen mit einem Küchentuch abdecken und nochmals 20 Minuten ruhen lassen. Anschließend diese großzügig mit Zimt, Zucker und Margarineflöckchen bestreuen und auf der mittleren Schiene im Backofen ca. 20 Minuten backen.

Tipp:

Der Hefeteig kann schon am Vortag angesetzt werden und über Nacht im Kühlschrank bleiben.

Omas schnelle *Kürbisbrötchen*

Irgendwann vor langer Zeit kam der Quark-Öl-Teig in Mode! Der schnell herzustellende und unkomplizierte Grund-teig wurde von Oma gerne benutzt, wenn „es fix gehen musste" und das Rezept eigentlich nach einem Hefeteig ver-langte. Fortan wurden Kinder und Enkel mit Kuchen, Brötchen und deftigen Leckereien beglückt, die alle sehr lecker schmeckten. Doch irgendwann sehnten wir uns wieder nach Hefeblechkuchen und Hefeschnecken. Dieses Brötchen-rezept allerdings ist unschlagbar schnell, lecker und variantenreich. Es wird bei mir mit Sojajoghurt zubereitet und kann süß mit Rosinen und Zucker oder z.B. mit Kürbismus zubereitet werden.

ZUTATEN FÜR CA. 6-7 BRÖTCHEN

150 g Sojajoghurt
6 EL neutrales Öl
6 EL Kürbismus
300 g Weizenmehl (Type 450 oder 550)
70 g Zucker
1 gestrichener TL Salz
1 Pk. Backpulver

1 Den Backofen auf 180 °C vorheizen. Alle Zutaten in einer Schüssel kurz zu einem Teig verrühren. Sollte er kleben (das hängt ein wenig von der Beschaffenheit des Kürbis-muses ab), etwas Mehl hinzufügen.

2 Mit bemehlten Händen ca. 6-7 Brötchen formen und diese auf einem mit Backpapier ausgelegten Backblech auf der mittleren Schiene im Backofen ca. 15-20 Minuten backen. Am besten schmecken die Brötchen lauwarm mit gesalzener Margarine!

Tipp:

Das Kürbismus kann auch durch Möhrenmus ersetzt werden! Für das Mus werden Kürbisfleisch oder Möhren in wenig Wasser weichgekocht.

Schnelles Hefebrot

Brot buk Oma in ihrem alten Holzofen. Sie hatte keine Küchenmaschine, und da sie immer mehrere Brote an einem Tag herstellte, war das Kneten der Teige eine schweißtreibende Angelegenheit. Sie aromatisierte die Brote gerne mit Fenchel- und Kümmelsamen. Ich kann mich nicht erinnern, dass Oma Bärlauch kannte und damit kochte. Wenn ich heute Brot backe, verwende ich gerne dieses sehr einfache Rezept, und zur Erinnerung an Oma wandert meistens 1 TL Fenchelsamen in den Teig. Im Frühling allerdings pflücke ich Bärlauch in unserem Garten und freue mich auf ein Bärlauchbrot!

ZUTATEN FÜR 1 KASTENBROT

½ l warmes Wasser
2 Pk. Trockenhefe
2 EL Zucker
650 g Mehl (Type 405)
2 TL Salz
ca. 8 Blätter Bärlauch, gewaschen und in
  Streifen geschnitten, oder 1 TL Fenchelsamen

1 Das Wasser, die Trockenhefe und den Zucker in einer Rührschüssel miteinander verrühren. Das Mehl und das Salz hinzugeben und einen Teig kneten. Den Bärlauch oder die Fenchelsamen unterheben und den Teig in eine gefettete Kasten- oder Brotbackform geben.

2 Das Brot auf die untere Schiene des kalten Backofens schieben und bei 160 °C ca. 50 Minuten backen. Das Brot ist gar, wenn es beim Klopfen gegen die Unterseite hohl klingt. Auf einem Gitterrost abkühlen lassen.

Kartoffel-Mischbrot

In den Kriegs- und Nachkriegszeiten musste Oma sehr erfinderisch sein, wenn es um die Versorgung ihrer Familie ging. Manchmal waren auch einfache Zutaten nicht vorhanden. So erinnert sich mein Vater als „Nachkriegskind" an Bratkartoffeln aus aufgesammelten Feldkartoffeln zum Frühstück, wenn es mal wieder nicht genug Weizen- oder Roggenmehl gab, um einen Laib Brot zu backen. Oder es mussten verschiedene Zutaten gemischt werden, bis man die nötigen Mengen für das Grundnahrungsmittel der Familie zusammen hatte. Das heute so beliebte Kartoffelbrot ist übrigens ein gutes Beispiel für damalige „Mischbrote" - ein wenig helles Mehl, ein paar Kartoffeln (die für sich genommen als Mahlzeit nicht ausreichen würden), ein wenig Zucker und fertig war ein kleines, sattmachendes Brot!

ZUTATEN FÜR 1 BROT

375 g Weizenmehl (Type 1050)
½ Würfel frische Hefe oder 1 Pk. Trockenhefe
1 EL Zucker
150 ml lauwarmes Wasser
500 g Pellkartoffeln vom Vortag
10 g Salz
½ TL gemahlener Kümmel

1 Das Mehl in eine Schüssel geben und eine Mulde hineindrücken. Die Hefe mit dem Zucker und dem Wasser verrühren, in die Mulde geben und mit etwas Mehl zu einem Brei vermengen. Die Schüssel mit einem Tuch bedecken und den Teig ca. 20 Minuten an einen warmen Ort stellen, bis der Hefebrei schaumig aufgegangen ist.

2 Die Kartoffeln pellen und mit der Gabel zerdrücken oder durch eine Presse drücken. Zusammen mit den restlichen Zutaten mit der Mehlmischung verrühren und auf einer bemehlten Arbeitsfläche den Teig geschmeidig kneten. Den Teig in die Schüssel legen, abdecken und nochmal ca. 1 Stunde an einem warmen Ort gehen lassen. Dann erneut durchkneten, einen runden Laib formen, mit Mehl bestäuben und auf ein mit Backpapier ausgelegtes Backblech legen.

3 Den Backofen auf 180 °C Umluft vorheizen und das Brot auf der mittleren Schiene ca. 40 Minuten backen. Das Brot ist gar, wenn es beim Klopfen gegen die Unterseite hohl klingt. Auf einem Gitterrost auskühlen lassen.

Die Dinge sind einfach oder Omas Erdbeermarmeladenbrot

Als Kind saß ich oft zusammen mit meiner Oma Helene in der kleinen Küche auf den wackeligen Stühlen mit den gehäkelten Kissenbezügen. Bei Kaffee und Zwieback erzählte sie dann gerne aus ihrem Leben, berichtete von ihrer Kuh, die das Salatfeld abfraß, oder der Katze, die zwischen den Rocksäumen ihrer alten Mutter den Mittagsschlaf hielt. Doch Helene sprach auch über den Krieg, ihre nicht verwirklichten Träume und über die harte Arbeit, die ihren Rücken später krumm werden ließ!

Einmal verriet sie mir ihre allerliebste Leckerei im Mai, die „besser schmeckt als jede Schokolade":
„Also, du gehst in den Garten, wenn die Sonne scheint, und pflückst dir eine große sonnenwarme Erdbeere.
Die steckst du nicht sofort in den Mund, sondern trägst sie in die Küche. Dort bestreichst du eine Scheibe Weißbrot mit Butter (die wiederum am besten schmeckt, so erfuhr ich, wenn Uroma – die mit der Katze – sie im Butterfass selbst gemacht hat). Dann legst du die Erdbeere darauf und zermatscht sie mit der Gabel. Zum Schluss gibst du etwas Zucker über dein Erdbeermarmeladenbrot und genießt es!"

Wenn jetzt die ersten Erdbeeren aus dem Garten reif sind, schmeckt mir Oma Helenes Erdbeermarmeladenbrot (natürlich heute mit veganer Margarine) besser als jede Schokolade! Und dankbar erkenne ich Omas weisen Rat:
Die Dinge sind einfach!

Bohnenschnee und Baiserküsse

Vor ein paar Jahren erfüllte eine Welle der Begeisterung uns vegan essende Menschen: Endlich war es möglich, wunderbar hauchzarte Macarons, saftige Kokosmakronen oder Torten mit Nussbaiser zu genießen. Sogenanntes „Aquafaba" ersetzt den Eischnee und macht heute diese Leckereien möglich! Hierbei handelt es sich eigentlich nur um das aufgeschlagene Abtropfwasser von Bohnen oder Kichererbsen aus Dosen oder Gläsern – daher auch der Name: „Aqua" für Wasser und „Faba" für Bohne. Das in dem Wasser enthaltene Eiweiß der Bohnen macht durch Aufschlagen einen standfesten Schnee, der sich ähnlich wie Eischnee verarbeiten lässt. Aber wirklich neu ist diese Tatsache nicht, denn schon in den Kriegs- und Nachkriegszeiten wurde aus Mangel an Zutaten das Kochwasser der Bohnen mit Grieß und Zucker verschlagen und als Bohnenschnee oder falsche Schlagsahne zum Kuchen gereicht.

Grundsätzlich ist das Aquafaba eine gute Alternative zum Eischnee. Die Zubereitung ist einfach, aber genauso wie beim Aufschlagen von Eiweiß gibt es ein paar Tricks, die beachtet werden sollten: Ich verwende das Abtropfwasser einer Dose Kichererbsen oder weißer Bohnen (jeweils ca. 400 g Einwaage), das sind ca. 120 ml. Beim Aufschlagen größerer Mengen wird der Schnee nicht so fest, deshalb bereite ich bei Bedarf lieber mehrere Rezepte mit 120 ml zu. Der daraus entstandene Schnee entspricht der Menge von ca. 4 Eiern. Das Abtropfwasser sollte immer aufkocht und auf ein Drittel reduziert werden. Mit dieser eingedickten Flüssigkeit wird der spätere Schnee standfester. Das normalerweise im Bohnenwasser enthaltene Salz begünstigt das Festwerden ebenfalls. Trotzdem sollte immer ein Bindemittel zugefügt werden, da ansonsten der Schnee nicht fest bleibt. Ich verwende meistens Guarkernmehl, aber auch Xanthan, Weinsteinbackpulver und Johannisbrotkernmehl funktionieren.

Baiser aus Aquafaba sollte nicht bei Temperaturen über 100 °C gebacken werden, da es ansonsten mehr zäh als knusprig wird. Somit ist der Backvorgang eher ein Trocknen als ein Backen. Fertige Baisers sollten nur kurz abkühlen und dann sofort in Dosen verpackt werden, da sie sehr schnell Feuchtigkeit ziehen. Deshalb werden die Baiserküsse auch erst kurz vor dem Servieren mit Marmelade zusammengesetzt. Um sie möglichst wenig Luftfeuchtigkeit auszusetzen, liegen sie auf der Kaffeetafel unter einer Glas-Cloche!

ZUTATEN FÜR CA. 12 BAISERKÜSSE

1 Dose Kichererbsen, nur das Abtropfwasser daraus wird verwendet (ca. 120 ml)
50 g Puderzucker
2 TL Vanillezucker
½ TL Guarkernmehl
½ Glas Gelee nach Wahl (ich nehme Johannisbeergelee)

1 In einem Topf das Kichererbsenwasser aufkochen und auf ca. ein Drittel der vorherigen Menge reduzieren. Die Flüssigkeit abkühlen lassen.

2 Den Backofen auf ca. 90 C° Ober- und Unterhitze vorheizen. Das abgekühlte Kichererbsenwasser in einer Schüssel in der Küchenmaschine oder mit dem Handrührgerät ca. 5 Minuten aufschlagen. Den Puderzucker mit dem Vanillezucker und dem Guarkernmehl verrühren und langsam hinzufügen. Weiterschlagen, bis die Masse steif ist und glänzt (ca. 3 Minuten).

3 Die Masse in einen Spritzbeutel füllen und Tupfen auf ein mit Backpapier ausgelegtes Backblech spritzen. Die Baisertupfen ca. 1,5 Stunden auf der mittleren Schiene backen. Den Backofen ausschalten und die Baisers weitere 15 Minuten im Ofen lassen. Anschließend die Baisers auskühlen lassen und sofort in Blechdosen verpacken, damit sie keine Feuchtigkeit ziehen. Kurz vor dem Servieren jeweils 2 Tupfen mit Johannisbeergelee zusammensetzen.

Schokoladensalami

Salami in einem veganen Kochbuch? Nun, diese süße Wurst besteht natürlich aus pflanzlichen Bestandteilen und ist tatsächlich ein Klassiker unter Omas Naschereien! Die Zutaten sind ähnlich wie beim „Kalten Hund", dem leckeren Kekskuchen, dessen Name ebenfalls nicht wirklich vegan klingt!

ZUTATEN FÜR 1 KLEINE „SALAMI" (CA. 15 CM LANG)

100 g zerkrümelte Kekse
70 g zimmerwarme Margarine
50 g geschmolzene Schokolade
25 g Kakaopulver
25 g Rosinen
60 g Zucker
50 g gehackte Mandeln (optional)
Puderzucker zum Bestreuen
Band zum Dekorieren

❶ In einer Schüssel die Zutaten miteinander verrühren. Ein Stück Frischhaltefolie ausbreiten, die Masse mittig als Rolle auf die Folie geben. Die Folie um die Masse wickeln und mit den Händen daraus eine feste Salami formen. Sie darf ruhig ein paarmal gerollt und gepresst werden, damit keine Hohlräume entstehen. Die Enden der Frischhaltefolie zusammendrehen und die Schokoladensalami zum Aushärten in den Kühlschrank legen.

❶ Zum Servieren die Frischhaltefolie abnehmen, die Salami in Puderzucker wälzen und zur Dekoration mit einem Band umwickeln.

Falsche Marzipankartoffeln

Sogar in meiner Kindheit wurden noch „Marzipan"-Kartoffeln aus Grieß und Backaroma hergestellt – ein Rezept, das sehr viel früher aus Mangel an echten Mandeln oder Marzipanrohmasse entstanden war. Als Kind fand ich den Namen irreführend, denn „falsch" waren die Marzipankartoffeln immer irgendwie, sie bestanden ja in keinem Fall aus echten Kartoffeln! Zur Weihnachtsfeier in der Grundschule bereiteten wir für die Eltern diese Nascherei zu – brav aßen sie, waren begeistert und dachten wahrscheinlich an die kleinen Kinderhände, die während der Herstellung der Kartoffeln mit Sicherheit auch andere Dinge angefasst hatten!

ZUTATEN FÜR CA. 80 STÜCK

500 g Puderzucker
1 TL gemahlene Vanille
100 g Margarine
250 g Weichweizengrieß
1 Prise Salz
ca. 5 EL Milch (ich nehme Mandelmilch)
ca. 1 Röhrchen Backaroma Bittermandel
Kakaopulver zum Wälzen

1 Bis auf das Bittermandelaroma und das Kakaopulver alle Zutaten in einer Schüssel verkneten. Ist der Teig zu fest, noch etwas Milch zugeben, ist er zu weich, noch etwas Grieß unterkneten. Zum Schluss mit dem Bittermandelaroma abschmecken, dann mit den Händen kleine Kugeln formen und diese in dem Kakaopulver wälzen.

2 Die Marzipankartoffeln zwischen Lagen von Backpapier in Dosen aufbewahren. Sie schmecken am besten, wenn sie einige Tage an einem kühlen Ort gelagert wurden.

Quittenbrot

All die Leckereien, die nicht ohne ihre Erlaubnis vernascht werden sollten, wurden von Oma oben auf den Schränken gelagert. Neben den Weihnachtskeksen im Dezember entdeckten die Kinder aber schon im Herbst die Bleche mit dem süßen Mus der Quitten, das, in kleine Stücke geschnitten, nach dem Trocknen zu leckerem Quittenbrot wurde.

ZUTATEN FÜR CA. 80 STÜCK

2 kg frische Quitten
1 kg Zucker
2 EL abgeriebene Bio-Orangenschale
2 gestrichene TL Zitronensäure
Hagelzucker oder Kakaopulver zum Bestreuen

1 Die Quitten mit einem Tuch gründlich abreiben und den weißen Flaum entfernen. Die Früchte vierteln, Stiele und Blütenansätze entfernen und in einem Topf mit Wasser bedeckt ca. 50 Minuten kochen lassen. Die Stücke in einem Sieb abtropfen lassen, das Wasser dabei auffangen und anderweitig verwenden (z.B. für Quittengelee). Das Kerngehäuse aus den Quitten entfernen und die Stücke im Hochleistungsmixer fein pürieren (Oma hat die Quitten früher durch ein Sieb gedrückt – das funktioniert heute natürlich auch!). 1 kg Mus abwiegen.

2 In einem großen Topf das Mus mit dem Zucker, der Orangenschale und der Zitronensäure zum Kochen bringen. Unter Rühren kochen lassen, bis sich die Masse vom Topfboden löst. Das dauert je nach Topf und Herd unterschiedlich lange, ich rühre ca. 20 Minuten. Achtung: Die heiße Masse brennt leicht an!

3 Ein Backblech mit Backpapier belegen und die Quittenmasse ca. 1 cm dick darauf streichen und ca. 2 Tage (oder länger) trocknen lassen. Sobald sich die Oberfläche trocken anfühlt, wenden, damit die andere Seite trocknet. Nach dem Trocknen das Quittenbrot in Rauten schneiden oder mit einem Keksausstecher ausstechen, mit Hagelzucker bestreuen oder in Kakaopulver wälzen und zwischen Lagen von Backpapier in Dosen aufbewahren.

Tipp:

Das Quittenbrot kann auch im Ofen bei 50 °C ca. 3-4 Stunden getrocknet werden oder im Dörrautomat nach Anweisung gedörrt werden.

Schwiegermutters Stollen

„Also, der Stollen meiner Mutter schmeckte mir früher schon am besten, sie backt ihn nämlich ohne Zitronat, weil ich als Kind das bittere Zeugs nicht mochte!" Ach, natürlich hat der allerliebste Ehegatte Recht! Auch heute überzeugt dieser Stollen, denn durch den hohen Fettanteil ist er saftig, die Rosinen und Korinthen machen ihn fruchtig - und irgendwie ist da noch ein Aroma, das den Geschmack abrundet! Die Schwiegertochter kennt übrigens das Geheimnis des Familienrezeptes: Da ein Stollen ohne Zitronat und Orangeat eben kein echter Stollen ist, hat Mutter früher „das bittere Zeugs" einfach zu Mus zerhackt, somit „unkenntlich" gemacht und unter die Zutaten gemischt! Aber das bleibt natürlich unter uns! Hier ist das Rezept, in dem lediglich die Milch durch Pflanzenmilch und die Butter durch Margarine ersetzt wurde! Meine Schwiegermutter backt mindestens zwei Stollen und verschenkt sie, portionsweise in Päckchen verpackt, zum Advent an die Enkelkinder!

ZUTATEN FÜR 1 STOLLEN

300 g Rosinen
100 g Korinthen
100 ml Rum
125 ml Pflanzenmilch (ich nehme Sojamilch)
1 Würfel Hefe
80 g Zucker
500 g Mehl
1 TL Zimt
½ TL Salz
½ TL gemahlene Nelken
½ TL gemahlener Ingwer
3 gemörserte Kardamomkapseln (Inhalt)
250 g Margarine
1 Fläschchen Backaroma Bittermandel
50 g gehackte Mandeln
50 g Zitronat
50 g Orangeat

ZUM BESTREICHEN

100 g Margarine
50 g Puderzucker
1 Pk. Vanillezucker

1. Die Rosinen und Korinthen in dem Rum über Nacht ziehen lassen.
2. Die Sojamilch leicht erwärmen und in einer Schüssel die Milch mit der zerbröckelten Hefe sowie 2 EL Zucker und 4 EL Mehl verrühren. Diesen Vorteig an einem warmen Ort gehen lassen, bis sich das Volumen verdoppelt hat.
3. In einer Schüssel den Zucker, das Mehl und die Gewürze vermischen. Die Margarine in einem Topf schmelzen, das Backaroma unterrühren.
4. Am besten mit der Küchenmaschine die Mehlmischung mit dem Vorteig verrühren, dann die Margarine dazugeben und einen weichen Teig kneten. Die Rosinen und Korinthen abtropfen lassen und zusammen mit den Mandeln, dem Zitronat und dem Orangeat unter den Teig kneten. Der Teig soll elastisch sein und sich beim Kneten vom Topfrand lösen. Eventuell noch etwas Mehl unterkneten. Den Teig an einem warmen Ort zugedeckt ca. 45 Minuten gehen lassen.
5. Auf Backpapier den Teig zu einem Rechteck (ca. 20 × 30 cm) ausbreiten. Nun die eine Teigseite über die andere schlagen, so dass sich die charakteristische Stollenform ergibt. Das Teigstück erneut ca. 45 Minuten an einem warmen Ort zugedeckt gehen lassen.
6. Den Backofen auf 180 °C vorheizen.
7. Den Stollen auf der mittleren Schiene ca. 50 Minuten backen. Eventuell nach der Hälfte der Backzeit den Stollen abdecken, wenn die Oberfläche zu dunkel werden sollte.
8. Die Margarine schmelzen und den heißen Stollen damit bestreichen. Den Puderzucker mit dem Vanillezucker mischen und den Stollen anschließend mit der Zuckermischung bestreuen.

Tipp:

Der Rum kann auch durch den Saft einer Orange ersetzt werden. Erst nach 1-2 Wochen entfaltet der Stollen sein volles Aroma, in Alufolie gewickelt ruht er deshalb an einem kühlen Ort (nicht im Kühlschrank). Traditionell wird er am 1. Advent angeschnitten.

Spritzgebäck

Meine Familie liebt Spritzgebäck zu Weihnachten. Allerdings weiß ich nicht, ob Oma die Herstellung auch geliebt hat. Dieser einfache Keks hat es nämlich in sich! Der feste Teig, der traditionell Mandeln enthält, wurde mit viel Kraftaufwand durch den Fleischwolf mit dem entsprechenden Aufsatz gedreht. Es entstanden lange Schnüre, die zu beliebigen Kringeln geformt und gebacken wurden. In Omas Aufzeichnungen finden sich übrigens zwei Rezepte für diese Leckerei. Warum? Das Alternativrezept „Spritzgebäck vom Mürbteig" enthält keine Mandeln, ist dafür aber weicher und lässt sich viel besser verarbeiten!

ZUTATEN FÜR CA. 60 STÜCK

300 g Mehl
200 g Margarine
100 g Puderzucker
2 TL gemahlene Vanille
½ TL abgeriebene Bio-Zitronenschale
200 g Kuvertüre oder Schokoladenglasur

1 Den Backofen auf 175 °C vorheizen. Alle Zutaten bis auf die Kuvertüre zu einem Teig verrühren und in die Gebäckpresse oder einen Spritzbeutel mit geeigneter großer Tülle füllen. (Natürlich kann auch ein Fleischwolf mit Aufsatz verwendet werden, aber vegan essende Menschen sind wohl eher selten im Besitz dieses Gerätes.)

2 Der Teig ist zwar geschmeidiger als Omas schwere Version, trotzdem ist das Aufspritzen nicht gerade kräftesparend. Wer (wie ich) einen Spritzbeutel verwendet, sollte den Teig nicht im Kühlschrank lagern, ihn vor dem Gebrauch gut durchkneten und einen Spritzbeutel aus Stoff verwenden, denn Plastikbeutel reißen leicht ein. Dann können endlich Streifen, Kringel usw. auf ein mit Backpapier ausgelegtes kaltes Backblech aufgebracht werden.

3 Das kalte Backblech mit dem Spritzgebäck wird für ca. 10 Minuten auf die mittlere Schiene des Backofens geschoben. Anschließend die Kuvertüre temperieren oder die Schokoladenglasur nach Packungsanweisung erhitzen und die Stücke je zur Hälfte mit der Schokolade überziehen.

Tipp:

Das Backblech wird schön kalt, wenn einfach ein paar Kühlelemente aus dem Gefrierschrank unter das Blech geschoben werden. Durch die Kälte behält das Gebäck beim Aufspritzen und nachher auch beim Backen besser seine Form!

Vanillekipferl

Die Vanillekipferl sind die Lieblings-Weihnachtsplätzchen meiner Mutter und deshalb dürfen sie auf keinen Fall auf dem süßen Teller fehlen. Ich war immer fasziniert, wie Oma aus den kleinen Teigkugeln die typische Kipferlform zwischen ihren Handballen drehte und in Windeseile ein ganzes Backblech mit perfekten Kipferln bestückte. Meine Mutter hatte den Dreh nie wirklich raus, deshalb backe ich heute für sie ihre Lieblinge - die sind nicht ganz so perfekt wie bei Oma, aber genauso lecker!

ZUTATEN FÜR CA. 70 STÜCK

125 gemahlene Mandeln
250 g Mehl
200 g Margarine
125 g Zucker
1 Pk. Vanillezucker
2 EL Apfelmus
1 Prise Salz
ca. 6 Tropfen Backaroma Bittermandel

ZUM BESTREUEN

ca. 100 g Puderzucker
2 Pk. Vanillezucker

1 Die Mandeln in einer trockenen Pfanne unter Rühren anrösten, bis sie duften, dann abkühlen lassen. Aus den Zutaten einen Knetteig herstellen. Den Teig ca. 20 Minuten (oder über Nacht) kühl stellen.

2 Den Backofen auf 160 °C Ober- und Unterhitze vorheizen. Mit einem Teelöffel jeweils ein Stück Teig abstechen, zwischen den Handflächen zu einem Kipferl formen und dieses auf ein mit Backpapier ausgelegtes Backblech legen. Die Teigstücke ca. 9-10 Minuten auf der mittleren Schiene nur leicht hellgelb backen.

3 Den Puderzucker mit dem Vanillezucker mischen. Das Zuckergemisch zügig über die noch warmen Kipferl sieben. Am besten werden die Vanillekipferl in Blechdosen aufbewahrt.

Tipp:

Das Apfelmus ersetzt die Eier im Teig. Diese Kipferl sind dadurch etwas weicher. Viele Jahre habe ich die 3 Eier des Originalrezeptes durch die entsprechende Menge Ei-Ersatz aus dem Bioladen ersetzt. Damit gelingen die Kipferl wie bei Oma, jedoch ist Apfelmus besser verfügbar und nicht so hochverarbeitet!

Spitzbuben

Wenn es eine Hitliste für die beliebtesten Kekse in unseren Familien gibt, dann stehen die Spitzbuben auf dem ersten Platz. Diese mürben Marmeladenplätzchen schmecken allen - nicht nur zur Weihnachtszeit. Oma hat Unmengen davon gebacken und in großen Dosen auf dem Schrank versteckt. Das hinderte ihre kleinen Spitzbuben allerdings nicht, nach langen Rodelpartien mit noch kalten Fingern ein paar Kekse zu entwenden. Natürlich waren die Jungs immer unschuldig! Einer von ihnen findet übrigens auch heute noch mit seinen 82 Jahren zielsicher die richtige Dose …

ZUTATEN FÜR CA. 50 STÜCK

125 g gemahlene Mandeln
375 g Mehl
1 TL Backpulver
1 TL gemahlene Vanille
200 g Zucker
250 g Margarine
1 Glas Johannisbeergelee

❶ In einer trockenen Pfanne die gemahlenen Mandeln anrösten, bis sie duften und hellbraun sind, anschließend abkühlen lassen. Dann alle Zutaten bis auf das Gelee zu einem Knetteig verarbeiten und diesen eine Stunde kühl stellen.

❷ Den Backofen auf 180 °C vorheizen. Den Teig ausrollen, Kreise von ca. 5 cm Durchmesser ausstechen und auf ein mit Backpapier ausgelegtes Backblech legen. Den Teig ca. 9 Minuten auf der mittleren Schiene backen - die Kekse sollten nur leicht gebräunt und noch weich sein. Anschließend etwas abkühlen lassen. Noch warm jeweils zwei Kekse mit ½ TL Johannisbeergelee zusammensetzen. Damit das Aroma sich entfalten kann, sollten die Spitzbuben mindestens eine Nacht ruhen und in einer Blechdose aufbewahrt werden.

Heidesand

„Dieses Gebäck schmeckt lecker sandig." Mein Sohn Jo kann es nicht anders beschreiben, aber er hat Recht! Bei Omas Heidesand kam noch ein ganz dezenter Geschmack nach Haselnuss dazu, der durch das Zerlassen und Bräunen der Butter entstand. In Frankreich heißt diese Butterzubereitung übrigens auch „beurre noisette", also Haselnussbutter. In der veganen Version wird die Butter zwar durch pflanzliche Margarine ersetzt, die sich nicht bräunen lässt, doch die Familie stimmt Jo bei der weiteren Ausführung über seinen Lieblingskeks zu: „Die Konsistenz ist krümelig und etwas trocken, dabei süß mit einer leichten Karamellnote. Einfach lecker!"

ZUTATEN FÜR CA. 60 STÜCK

250 g Margarine
250 g feiner Zucker + etwas zum Wälzen
1 TL gemahlene Vanille
350 g Weizenmehl
1 Prise Salz

1 Die Margarine in einem Topf zerlassen und abkühlen lassen. Die wieder fest gewordene Margarine mit einem Handrührgerät auf höchster Stufe geschmeidig rühren. Nach und nach den Zucker und die Vanille hinzugeben und rühren, bis eine Creme entstanden ist. Das Mehl mit dem Salz mischen und die Hälfte davon unter die Creme rühren, den Rest unterkneten.

2 Aus dem Teig etwa 3 cm dicke Rollen formen und zum Aushärten am besten über Nacht in den Kühlschrank legen. Den Backofen auf 180 °C vorheizen.

3 Die Rollen in Zucker wälzen und in ca. 0,5 cm dicke Scheiben schneiden. Diese auf mit Backpapier ausgelegte Backbleche legen. Das Gebäck auf der mittleren Schiene ca. 10-15 Minuten backen. Der Heidesand soll an den Rändern nur leicht gebräunt sein.

Printen

Hart müssen sie sein und auf jeden Fall gehört Grümmel, also feiner Kandiszucker, hinein – so wie bei Oma eben!
Mein allerliebster Ehegatte sieht das natürlich wieder ganz anders! Er liebt weiche Printen mit Schokoguss. Deshalb
bewahre ich „seine" Printen zusammen mit einem Apfelschnitz, der das Gebäck weich macht, in einer Extradose auf!

ZUTATEN FÜR CA. 40 PRINTEN

250 g Rübensirup
100 g Zucker
4 EL Margarine
2 EL Rosenwasser oder Wasser
100 g Grümmel-Kandis
500 g Mehl
1 EL Zimt
1 EL Anissamen
1 TL Nelkenpfeffer
1 TL gemahlener Koriander
8 g Pottasche
4 EL Wasser
Ahornsirup zum Bestreichen

❶ In einem Topf den Rübensirup und den Zucker erhitzen. In einer Schüssel alle weiteren Zutaten bis auf die Pottasche, das Wasser und den Ahornsirup vermischen. Die Zuckermasse und die in 4 EL Wasser aufgelöste Pottasche unter die Mehlmischung rühren. Den Teig über Nacht im Kühlschrank ruhen lassen (er darf auch mehre Tage dort ausruhen).

❷ Den Backofen auf 175 °C vorheizen. Den Teig auf Backpapier ca. 0,5 cm dick ausrollen und in rechteckige (ca. 4 × 8 cm) Streifen schneiden. Zum Bestreichen hat Oma eingekochten Zuckersirup verwendet. Der gibt einen schönen Glanz. Ich nehme heute ganz einfach Ahornsirup, den ich zu gleichen Teilen mit Wasser verrühre. Damit werden die Printen eingepinselt und auf der mittleren Schiene im Backofen ca. 15 Minuten gebacken.

Tipp:

Dieses Gebäck im Stil der Aachener Printe ist schön knusprig und hart,
wenn es warm und trocken gelagert wird. Wer die Printen nicht so fest
mag, bewahrt sie am besten an einem kühlen Ort in einem Topf oder
einer Dose zusammen mit einem Apfelschnitz auf.

Orangen-Zimtsterne

Weihnachten rückte näher, wenn Oma die köstlichen Zimtsterne buk. Doch ihre Kinder betraten dann besser nicht die Küche. Der Eiweiß-Nuss-Teig verlangte volle Aufmerksamkeit, denn er klebte an Ausstechern, Spateln und manchmal auch in Omas Haaren! Die Enkel durften später übrigens mit ihr zusammen ganz entspannt Zimtsterne ausstechen und über Teig in den Haaren und an den kleinen Fingerchen wurde nur gelacht!
Meine Orangen-Zimtsterne erhalten Bindung ganz einfach durch Marmelade und Flüssigkeit. Die traditionelle Eiweiß-glasur, die vor dem Backen aufgetragen wurde, funktioniert vegan nicht. Aber mit einem einfachen Puderzuckerguss leuchten die Sterne auch ganz wunderbar!

ZUTATEN FÜR CA. 50 STÜCK

TEIG

200 g Puderzucker
350 g gemahlene Mandeln (die Hälfte der
    Mandeln kann durch Haselnüsse ersetzt
    werden)
4 EL Wasser
2 EL Zimt
2 EL Orangenmarmelade
1 EL abgeriebene Bio-Orangenschale
1 EL Orangensaft
1 TL gemahlene Vanille
1 Prise Salz

GUSS

ca. 140 g Puderzucker

1 Alle Zutaten für den Teig in einer Schüssel verkneten. Den Teig im Kühlschrank gut durchkühlen lassen, dann lässt er sich besser verarbeiten. Mit einem nassen Spatel oder zwischen zwei Lagen Backpapier den Teig ca. 0,5 cm dick ausbreiten, Sterne daraus ausstechen und auf ein mit Backpapier ausgelegtes Backblech legen. Den Teig bei Zimmertemperatur ca. 3-4 Stunden trocknen lassen.

2 Den Backofen auf 120 °C Umluft vorheizen und das Gebäck ca. 15 Minuten auf der unteren Schiene im Ofen backen. Abkühlen lassen. Für den Guss den Puderzucker mit wenig Wasser dickflüssig anrühren und die Sterne damit bestreichen.

Tipp:

Der Teig für Zimtsterne lässt sich gut gekühlt am besten verarbeiten. Die Ausstecher und Spatel sollten immer wieder in Wasser oder Reismehl getaucht werden, dann ist das Ausstechen kein Problem. Die Zimtsterne halten sich etwa 4 Wochen. Ein Apfelschnitz in der Keksdose hält die Sternchen weich und zart!

Bethmännchen

Die gebackenen Marzipankugeln mit den charakteristischen drei Mandelhälften gehören zu den Lieblingsnaschereien meines allerliebsten Ehegatten. Die Legende besagt, dass die Mandeln für die drei Söhne des Frankfurter Bankiers Simon Moritz von Bethmann stehen, zu dessen Ehren der Hauskonditor diese Spezialität im 19. Jahrhundert erfunden hat! Aber auch Goethes Oma soll schon eine ähnliche Nascherei für ihren Sohn gebacken haben! Womit wir wieder bei Omas Klassikern wären!

ZUTATEN FÜR CA. 40 STÜCK

200 g Marzipanrohmasse
80 g Puderzucker
80 g gemahlene Mandeln
20 g Mehl
1 EL Rosenwasser + etwas zum Bestreichen
1 Tüte blanchierte, halbierte Mandeln
  (ca. 120 halbe Mandeln)

ZUM BESTREICHEN

4 EL Rosenwasser
4 EL Zucker

1 Den Backofen auf 175 °C vorheizen. Die Marzipanrohmasse in kleine Stücke schneiden und mit dem Puderzucker, den gemahlenen Mandeln, dem Mehl und dem Rosenwasser zu einem Teig verkneten. Aus der etwas klebrigen Masse mit bemehlten Händen kleine, ca. 2 cm dicke Kugeln formen und mit etwas Rosenwasser bestreichen. Jeweils drei Mandelhälften an jede Kugel drücken.

2 Die Bethmännchen auf ein mit Backpapier ausgelegtes Backblech legen und ca. 10 Minuten auf der mittleren Schiene goldgelb backen.

3 In einem Topf das Rosenwasser mit dem Zucker aufkochen und das noch warme Gebäck mit dem Zuckerwasser bepinseln. Die Bethmännchen am besten getrennt durch Backpapier in Dosen aufbewahren.

Mutti, ob der Weihnachtsmann
das auch sieht?

Foto: Hanns Wohlfarth

51
1956

EUROPA-PROGRAMME

NORDDEUTSCHE
PROGRAMME

Brombeermarmelade

Das Pflücken der wilden Brombeeren gehörte nicht zu den Lieblingstätigkeiten, denn die stacheligen Ranken hinterließen oft schmerzhafte Kratzer an meinen Kinderarmen. Außerdem gab es unterschiedlich ertragreiche und vor allem verletzungsfrei erreichbare Standorte an den Feldwegen unseres Dorfes, doch wenn man nicht schnell genug war, hatten die Nachbarmädels die dicken reifen Früchte der exponierten Lagen bereits in ihre blechernen Milchkännchen gelegt. Die Marmelade schmeckte allerdings lecker und sehr süß. Heute bevorzuge ich für dieses Rezept übrigens den etwas weniger süßen Gelierzucker 2:1!

ZUTATEN FÜR CA. 4-5 GLÄSER À 250 ML

1 kg Brombeeren
150 ml Apfelsaft
Saft von 1 Zitrone
500 g Gelierzucker (2:1)

1 Die Beeren sammeln, waschen, abtropfen lassen und in einem ausreichend großen Topf mit dem Apfelsaft, dem Zitronensaft und dem Zucker vermischen. Ca. 2 Stunden durchziehen lassen, dann unter Rühren zum Kochen bringen und laut Packungsanweisung des Gelierzuckers ca. 4 Minuten sprudelnd kochen lassen.

2 Die Marmelade abschäumen, in sterilisierte Gläser füllen und mit den Deckeln verschließen. Die Gläser 5 Minuten auf den Kopf stellen und komplett auskühlen lassen.

Einfaches Pflaumenmus vom Blech *und schnelle Pflaumenmarmelade*

„Wenn du durch das Mus eine Straße ziehen kannst, ist es fertig", wusste Oma. Noch heute prüfe ich auf diese Weise, ob die Pflaumen auf dem Backblech die richtige Konsistenz haben! Dieses Rezept ist sehr praktisch, denn das stundenlange Rühren, bis das Pflaumenmus im Topf eingekocht ist, entfällt. Wer eine etwas leichtere Marmelade liebt, nimmt vielleicht Omas klassisches Rezept für Pflaumenmarmelade – nur ca. vier Minuten kochen lassen und schon ist der leckere Brotaufstrich fertig!

ZUTATEN FÜR CA. 3-4 GLÄSER PFLAUMENMUS À 250 ML

2 kg Pflaumen
300 g Zucker
2 TL Zimt
gemahlenes Nelkenpulver

1 Die reifen Pflaumen waschen, halbieren und entkernen. Die Früchte auf ein tiefes Backblech geben. Den Zucker mit dem Zimt mischen und über die Pflaumen streuen, nicht unterrühren. Die Pflaumen etwa 2 Stunden stehen lassen, damit die Früchte Saft ziehen können.

2 Den Backofen auf 200 °C vorheizen. Das Blech mit den Pflaumen auf die mittlere Schiene schieben. Wenn die Masse anfängt zu köcheln, den Ofen auf 175 °C herunterschalten und die Pflaumen ca. 1,5-2 Stunden zu Mus einkochen lassen. Wenn man mit dem Löffel eine Spur durch das Mus ziehen kann, ist es fertig und kann mit dem Pürierstab püriert werden.

3 Das Mus heiß in sterilisierte Marmeladengläser füllen. Den Deckel aufschrauben und die Gläser 5 Minuten auf den Deckel stellen. Dann vollständig abkühlen lassen.

ZUTATEN FÜR CA. 6 GLÄSER PFLAUMENMARMELADE À 250 ML

1 kg Pflaumen
1 kg Gelierzucker (1:1)
1 Zimtstange
Saft und Abrieb einer Zitrone

1 Die Pflaumen, waschen, entkernen und in Stücke schneiden. In einem Topf alle Zutaten vermischen. Die Früchte ca. 2 Stunden ziehen lassen, dann aufkochen.

2 Die Marmelade 4 Minuten sprudelnd kochen lassen, die Zimtstange entfernen, die heiße Masse in sterilisierte Marmeladengläser füllen und verschließen. Die Gläser für 5 Minuten auf den Deckel stellen, dann komplett auskühlen lassen.

Holunder-Apfel-
Marmelade

Ach, liebste Oma, deine Aufzeichnungen zum „Hollunder" sind irgendwie unbefriedigend. Da steht nur: „Auf 1 Pfund Beeren 1 Pfund Zucker. Siehe Preiselbeeren" Aber das Preiselbeerenrezept hilft mir auch nicht weiter, denn ich suche eigentlich dein Marmeladenrezept mit Holunderbeeren und Äpfeln! So gebe ich hier das sogenannte Grundrezept meiner Lehrerin Frau Kuhlmann (Grundrezepte mussten bei ihr in den Aufzeichnungen immer mit einem roten G markiert werden!) weiter. Es ist seit Jahrzehnten bewährt und beliebt - allerdings bei den Erwachsenen unserer Familie, denn die Kinder mögen den leicht herben Geschmack der Holunderbeeren nicht so gerne!

ZUTATEN FÜR CA. 5 GLÄSER À 250 ML

600 g Holunderbeeren
400 g Äpfel
Saft von 1 Zitrone
1 kg Gelierzucker (1:1)

1. Die Holunderbeeren waschen, abtrocknen und vom Stiel zupfen. Die Äpfel waschen, schälen, das Kerngehäuse entfernen und das Fruchtfleisch in kleine Würfel schneiden. Alle Zutaten in einen ausreichend großen Topf füllen, aufkochen und nach Packungsanweisung des Gelierzuckers ca. 4 Minuten sprudelnd kochen lassen.

2. Die Marmelade heiß in sterilisierte Marmeladengläser füllen und mit den Deckeln verschließen. Die Gläser 5 Minuten auf den Kopf stellen und komplett auskühlen lassen.

Bratapfelmarmelade

Oh wie lecker – heute gibt es einen Bratapfel schon zum Frühstück! Diese Marmelade passt prima zu einem Dezember-Brunch und zu Waffeln oder Pfannkuchen. Als Oma vor vielen Jahren Marzipan, Mandeln und Rosinen in die Apfelmarmelade rührte, war die Familie skeptisch. Doch wie herrlich weihnachtlich schmeckt dieser Brotaufstrich, und natürlich freuen wir uns jedes Jahr auf den Bratapfel auf dem Brötchen!

ZUTATEN FÜR CA. 5 GLÄSER À 250 ML

1 kg Äpfel
4 EL Margarine
4 EL gehackte Mandeln
½ TL Salz
400 ml Apfelsaft
Saft von 1 Zitrone
100 g kalte Marzipanrohmasse
100 g Rosinen
500 g Gelierzucker (2:1)
2 TL Zimt

1 Die Äpfel schälen, das Kerngehäuse entfernen und die Äpfel in kleine Stücke schneiden. In einem ausreichend großen Topf die Margarine schmelzen, die Mandeln darin anbraten, dann das Salz und die Äpfel hinzufügen, ebenfalls anbraten. Den Apfelsaft und den Saft der Zitrone unterrühren und ca. 10 Minuten köcheln lassen.

2 Die kalte Marzipanrohmasse in kleine Würfel schneiden und zusammen mit den Rosinen unter die Apfelmischung rühren. Nochmals ca. 5 Minuten köcheln, dann etwas abkühlen lassen. Den Gelierzucker und den Zimt unterrühren und nach Packungsanweisung des Gelierzuckers ca. 4 Minuten sprudelnd kochen lassen. Die Marmelade heiß in sterilisierte Marmeladengläser füllen und mit den Deckeln verschließen. Die Gläser 5 Minuten auf den Kopf stellen und komplett auskühlen lassen.

Tipp:

Wer Mandeln in der Marmelade zu „knusprig" findet, lässt sie einfach weg!

Erdbeersirup
mit Rosmarin

Vanillepudding mit Erdbeersirup – das ist doch „typisch Oma", oder? Wenn die vielen Flaschen und Gläser mit dem hellroten Sirup nach dem „Einwecken" im Keller ordentlich aufgereiht waren, stand Oma vor den Regalen und freute sich! Die Verarbeitung der Erdbeeren war durch das Pflücken, Einlegen, Entsaften und Einkochen immer zeitaufwendig. Deshalb koche ich heute meistens nur kleine Mengen, die im Kühlschrank lagern und in den nächsten Tagen verbraucht werden. Aber wenn auf Vorrat „eingemacht" wird, benutze auch ich Weckgläser. Allerdings wurde die Herstellung des Sirups etwas modernisiert! Die Erdbeeren werden zeitsparend im Mixer püriert, die Gläser einfach im Backofen sterilisiert, dann mit dem kochenden Sirup befüllt und verschlossen. Ach ja, der Erdbeersirup bekommt einen kleinen „Kick" durch Rosmarinnadeln, die ich mit in die Gläser fülle!

ZUTATEN FÜR CA. 500 ML

500 g Erdbeeren
½ Vanilleschote
1 Zweig Rosmarin
1 Zitrone
500 g Zucker

❶ Die Erdbeeren waschen und den Stielansatz entfernen. Die Vanilleschote längs aufschneiden und das Mark herauskratzen. Den Rosmarin waschen und die Nadeln vom Stiel zupfen. Die Zitrone auspressen. In einem Topf 500 ml Wasser mit dem Zucker ca. 15 Minuten kochen, bis die Flüssigkeit eingedickt ist. Die Erdbeeren im Mixer mit dem Mark der Vanilleschote und dem Zitronensaft pürieren und zu dem Zuckersirup in den Topf geben, aufkochen und abkühlen lassen. Die Flüssigkeit durch ein Sieb drücken oder mit einem Mulltuch auspressen.

❷ Die Einmachflaschen, den Deckel und die Gummiringe waschen und abtrocknen. Die Flaschen und die Deckel auf den kalten Rost in den kalten Backofen stellen und auf 120 °C aufheizen. Mit Erreichen der Temperatur die Flaschen und die Deckel 15 Minuten im Ofen sterilisieren. Die Gummiringe für 2-3 Minuten in kochendes Wasser legen, dem ein Schuss Essig zugefügt wurde.

❸ In der Zwischenzeit den Sirup in einen Topf füllen, die Rosmarinnadeln hinzufügen und erneut aufkochen. Ca. 4 Minuten sprudelnd kochen, evtl. entstehenden Schaum abnehmen. Den Sirup sofort in die sterilisierten Flaschen füllen und mit dem Gummiring, dem Deckel und den Klammern verschließen.

Tipp:

Die ausgekratzte Vanilleschote lässt sich prima verwenden, um Vanillezucker herzustellen. Dafür ein Marmeladenglas mit Zucker füllen, die Vanilleschote dazugeben und das Glas mit dem Deckel verschließen. Nach ein paar Tagen ist der Zucker aromatisiert!

Omas süß-saure Gurken –
auf die schnelle Art!

Ich liebte Omas eingewecktes Gemüse, vor allem die Gurken, die sie so herrlich süß-sauer abschmeckte! Allerdings habe ich keine Lust, stundenlang einzukochen. Deshalb ist dieses Rezept eine prima Sache, denn der Aufwand der Zubereitung ist wirklich sehr gering. Man muss leider nur ein paar Stunden warten, bis das süß-saure Gemüse im Kühlschrank durchgezogen ist!

ZUTATEN FÜR CA. 3-4 GLÄSER À 250 ML

400 ml Weißweinessig oder anderer milder Essig
200 g Zucker
1 EL Salz
Pfeffer
ca. 5–6 kleine Gartengurken
2–3 TL Dill- oder Fenchelsamen, im Mörser etwas zerstoßen
2–3 EL gehackter Dill

1 Den Essig mit dem Zucker sowie Salz und Pfeffer in einem Topf mischen, kurz aufkochen, dabei umrühren, bis sich der Zucker aufgelöst hat. Etwas abkühlen lassen. Die Gurken waschen, in dünne Scheiben schneiden und zusammen mit den Samen und dem gehackten Dill in sterilisierte Gläser schichten. Die Gläser sollten bis kurz vor dem Rand gefüllt sein.

2 Nun den Sud randvoll über die Gurken gießen, die Gläser verschließen und zum Durchziehen am besten über Nacht in den Kühlschrank stellen. Die Essiggurken halten sich ca. 1 Woche, wenn sie immer mit dem Sud bedeckt sind und im Kühlschrank aufbewahrt werden.

Tipp:

Anstelle der Gurken kann auch Kürbis verwendet werden. Man benötigt ca. 500 g Kürbiswürfel, die in Salzwasser ca. 5 Minuten bissfest gekocht wurden. Die Dill- oder Fenchelsamen können hier durch 3 Stück Sternanis ersetzt werden.

Scharfe, eingelegte Zucchini – auf die schnelle Art!

Wer es lieber etwas schärfer mag, sollte diese Zucchini probieren, die ebenfalls nur im Kühlschrank durchziehen müssen und nach zwei Tagen erst so richtig lecker schmecken!

ZUTATEN FÜR CA. 2 GLÄSER À 250 ML

500 g Zucchini
Salz
1 Schalotte
1 Zweig Rosmarin
150 ml milder Essig
2–3 EL Zucker
3 EL Olivenöl
1 EL bunte Pfefferkörner
ca. 1 TL Fenchelsamen

❶ Die Zucchini in Scheiben schneiden und in kochendem Salzwasser 2 Minuten blanchieren. Die Scheiben in einem Sieb abtropfen lassen und mit kaltem Wasser abschrecken, damit sie ihre Farbe behalten. Die Schalotte pellen und in feine Streifen schneiden. Den Rosmarin waschen und die Nadeln vom Zweig zupfen.

❷ In einer Schüssel den Essig mit dem Zucker, 1 TL Salz und dem Öl verrühren. Die Zucchini zusammen mit den Streifen der Schalotte, den Pfefferkörnern, den Rosmarinnadeln und den Fenchelsamen in sterilisierte Marmeladengläser schichten. Die Essigmarinade über das Gemüse geben, so dass es ganz mit der Flüssigkeit bedeckt ist. Evtl. mehr Marinade anrühren, wenn die Zucchinischeiben noch nicht ganz bedeckt sind.

❸ Die Gläser verschließen und ca. 2 Tage im Kühlschrank durchziehen lassen. Die eingelegten Zucchini halten sich ca. 1 Woche!

Ofentomaten in Öl

Tomatenpflanzen wuchsen in alten Eimern, die an der Südseite des Hauses standen. Aber wie hat Oma die Tomaten haltbar gemacht? Leider gibt es sowohl bei Helene als auch bei Maria dazu keine Rezepte in ihren Aufzeichnungen. Vielleicht reichte die Ernte im Norden Deutschlands nur zum Naschen oder für Salate? In Omas alten gedruckten Kochbüchern finden sich Einkochrezepte für „Tomatenmark in Flaschen" oder „Tomaten-Catchup" und „Tomaten in Essig". Doch diese Rezepte sind natürlich wieder etwas aufwendig durch das Einkochen. Ein Rezept der Nachbarin meiner Mutter kommt mir hier sehr entgegen, denn die Tomaten werden einfach im Ofen getrocknet und dann in Öl eingelegt. Anschließend können sie zwar eingeweckt werden, aber im Kühlschrank aufbewahrt halten sich die Gläser theoretisch auch ein paar Wochen, wenn die Tomaten schön mit Öl bedeckt bleiben. Allerdings wird diese Leckerei in unserer Familie immer ziemlich schnell vernascht!

ZUTATEN FÜR CA. 4 GLÄSER À 200 ML

2 kg Tomaten
4 Zweige Rosmarin
4 EL Zucker
2 EL Salz
ca. 500 ml Olivenöl

1 Den Backofen auf 100 °C Ober- und Unterhitze vorheizen. Die Tomaten waschen, abtrocknen und längs halbieren. Mit der Schnittfläche nach oben auf mit Backpapier ausgelegte Backbleche legen. Den Rosmarin waschen, die Nadeln von 2 Zweigen abzupfen und am besten zusammen mit dem Zucker und dem Salz im Hochleistungsstandmixer mixen. Die Gewürzmischung auf den Tomaten verteilen und die Bleche in den Ofen schieben. Die Tomaten ca. 3-4 Stunden trocknen lassen.

2 Nach dem Erkalten zusammen mit den Nadeln des restlichen Rosmarins in sterilisierte Gläser füllen und mit dem Olivenöl auffüllen, bis alles bedeckt ist. Die Gläser verschließen, in den Kühlschrank stellen und 2 Tage durchziehen lassen. Ca. 1 Stunde vor dem Servieren aus dem Kühlschrank nehmen, damit das Olivenöl wieder flüssig wird.

Sauerkraut

Die einzige Kappes-Reibe des Ortes war in Omas Besitz. Sie war begehrt, denn man konnte damit ganze Weißkohlköpfe in feine Streifen hobeln und so die mühsame Herstellung des beliebten Sauerkrauts etwas vereinfachen. Für 5 Mark verlieh Oma dieses Gerät auch an die Nachbarn! Der frische Weißkohl, den man in ihrer Heimat Kappes nennt, wurde in großen Mengen in Tontöpfen schichtweise mit Salz eingelagert. Meine Tante durfte anschließend mit sauberen Holzschuhen auf dem Kohl herumhüpfen, der dadurch Wasser zog und schön fest im Topf festgedrückt wurde. Das austretende Wasser musste den Kohl bedecken, damit keine Bakterien eindringen konnten. Nach getaner Arbeit überließ man den Kohl sich selbst. Nach ein paar Wochen und einer vollzogenen Milchsäuregärung konnte das erste Sauerkraut gegessen werden. Mit diesem Rezept lässt sich ganz einfach eigenes Sauerkraut herstellen. Die Zubereitung macht auch zusammen mit Kindern Spaß, und es verdeutlicht die Mengen an Weißkohl, die nötig waren und sind, um ein Glas Sauerkraut zu erhalten!

ZUTATEN FÜR 1 L

1 kg Weißkohl
ca. 1 EL Meersalz (20 g)
optional 1 TL Kümmel oder Wacholderbeeren
1 Weck- oder Schraubglas mit Deckel
 (ca. 1 l Fassungsvermögen)
1 Schnapsglas oder ein entsprechendes Gewicht

1 Die äußeren Blätter des Kohls entfernen und eines beiseitelegen, um damit später das Kraut zu bedecken. Den Kohlkopf vierteln, den Strunk herausschneiden. Mit einer Küchenmaschine oder auf einer Reibe das Gemüse in feine Streifen hobeln. In einer Schüssel den Kohl mit den Gewürzen vermischen und mit den Händen durchkneten, bis Wasser austritt.

2 Nun das Gemüse in das saubere Weck- oder Schraubglas einschichten und festdrücken. Dabei soll Kohlwasser entstehen. Der Kohl sollte so eingeschichtet werden, dass ca. 2-3 Fingerbreit Platz zum Rand bleibt, da die Fermentation den Kohl später hochdrückt. Das Wasser muss den Kohl vollständig bedecken, deshalb wird aus dem beiseitegelegten Kohlblatt ein Deckel geformt und auf das geschichtete Gemüse gelegt. Mit z.B. einem Schnapsglas als Beschwerung oder einem entsprechenden Gewicht wird so das Gemüse unter Wasser gehalten. Nun wird der Deckel des Glases aufgelegt und entweder zugeschraubt oder mit Gummiring und Klammern befestigt.

3 Das Glas sollte 2 Tage bei Zimmertemperatur stehen, damit die Milchsäuregärung einsetzen kann.

4 Anschließend sollte es kühl und dunkel (im Kühlschrank allerdings arbeiten die Bakterien nicht so gerne!) aufbewahrt werden. Nach ca. 4 Wochen kann das Sauerkraut probiert werden, durchfermentiert ist es nach ca. 6 Wochen. Es hält sich mehrere Monate, wenn es kühl und dunkel gelagert wird. Natürlich können auch andere Mengen, Gewürze oder Kohlsorten verwendet werden. Grundlage für eine sichere Fermentation ist jedoch die zweiprozentige Salzlake, die angesetzt wird, damit die guten säureproduzierenden Bakterien arbeiten können und die unerwünschten Bakterien sich nicht vermehren.

Apfelkartoffeln

Als Kind liebte ich Omas Kartoffelpüree, denn sie übergoss es mit einer Buttersauce aus Äpfeln und gebratenen Zwiebeln. Lecker! Sehr überrascht war ich, als ich dieses sehr einfache Rezept sogar in ihren alten Aufzeichnungen fand: „Man kocht Kartoffeln, schüttet sie ab und stampft sie fein, genauso geschälte Äpfel, gibt Butter, Zucker und Zwiebeln in Butter braun gebraten hinzu und rührt sie gut durcheinander. Am besten schmeckt Rindswurst dazu.“ Nun, Oma hat später dieses Rezept etwas „optimiert“ und diese Variante gefiel mir viel besser.

ZUTATEN FÜR 4 PERSONEN

KARTOFFELPÜREE

1,5 kg mehligkochende Kartoffeln
Salz
250 ml Milch (ich nehme Hafermilch)
2 EL Margarine
frisch geriebene Muskatnuss

SAUCE

2 Zwiebeln
2 Äpfel
4 EL Margarine
Salz
1 TL Zucker

1 Die Kartoffeln schälen, waschen, vierteln und in einem Topf in Salzwasser weich kochen. Die Milch in einem Topf aufkochen lassen. Die Kartoffeln abgießen und mit einem Kartoffelstampfer oder dem Handrührgerät pürieren. Die Milch und die Margarine unterrühren und mit Salz und Muskatnuss abschmecken.

2 Für die Sauce die Zwiebeln pellen und in Ringe schneiden. Die Äpfel schälen, das Kerngehäuse entfernen und das Fruchtfleisch achteln. Die Margarine in einer Pfanne erhitzen und die Zwiebelringe darin anbraten. Die Apfelstücke hinzugeben und ca. 2-3 Minuten mitbraten. Die Sauce mit Salz und Zucker abschmecken. Zum Servieren etwas Püree auf den Teller geben und mit der Sauce übergießen. Dazu passt keine Rindswurst!

Birnen, Bohnen – *ohne Speck*

Im norddeutschen Raum ist dieses Gericht ein Klassiker. Zwischen Hamburg und Hannover gibt es unzählige Varianten davon. Ende August, wenn die kleinen festen Kochbirnen und die grünen Bohnen reif sind, kochte Oma die Bohnen in einer Brühe, in der sich geräucherter Speck und Bohnenkraut befand. Die Birnen legte sie obenauf und ließ sie gar werden. Dazu gab es Petersilienkartoffeln. Meine Mutter wandelte das Gericht später ab, indem sie die Birnen mit Zucker in einer Pfanne extra anbriet. Diese servierte sie dann zu den Bohnen mit Speck und den Kartoffeln. Meine Version heißt heute Birnen, Bohnen – ohne Speck und ist eine Art Salat, der mit meinen würzigen Umami-Chips getoppt wird!

ZUTATEN FÜR 4 PERSONEN
ALS VORSPEISE

600 g grüne Bohnen
Salz
1 Zwiebel
6 EL milder Essig
3 EL Öl
2 EL Zucker
Pfeffer
4 EL Sojasauce
2 EL Ahornsirup
1 TL Chiliflakes
60 g Kokoschips
4 feste Birnen
1 gehäufter EL Zucker
1 EL Margarine

1 Die Bohnen putzen. In einem Topf Wasser zum Kochen bringen, salzen und die Bohnen darin ca. 5 Minuten bissfest garen. Die Bohnen in kaltem Wasser abschrecken, damit sie ihre grüne Farbe behalten. Die Zwiebel pellen und fein würfeln. Die Zwiebelwürfel, den Essig, das Öl und den Zucker zu einem Dressing verrühren und herzhaft mit Salz und Pfeffer abschmecken. In einer Schüssel die Bohnen in dem Dressing marinieren.

2 In einer kleinen Schüssel die Sojasauce mit dem Ahornsirup und den Chiliflakes verrühren. Die Kokoschips hinzugeben und vorsichtig verrühren, bis sie mit der Marinade bedeckt sind. Unter gelegentlichem Umrühren die Chips ca. ½ Stunde ziehen lassen. Den Backofen auf 160 °C vorheizen. Die Kokoschips auf einem mit Backpapier ausgelegten Backblech verteilen, so dass sich die Chips möglichst wenig berühren. Auf der mittleren Schiene ca. 8-10 Minuten leicht braun backen (Achtung: Die Chips brennen schnell an und schmecken dann bitter, deshalb zwischendurch den Bräunungsgrad kontrollieren!) und anschließend auf dem Blech abkühlen lassen.

3 Die Birnen waschen, achteln und das Kerngehäuse entfernen. In einer beschichteten Pfanne den Zucker hellbraun karamellisieren lassen, die Margarine unterrühren und in dieser Mischung die Birnenstücke kurz anbraten, bis sie hellbraun karamellisiert sind.

4 Zum Servieren etwas Bohnensalat auf Teller verteilen, ein paar Birnenachtel hinzufügen und mit den Umami-Chips toppen!

Tipp:

Die Zutaten für das Dressing fülle ich in ein Marmeladenglas, schraube den Deckel zu und schüttele das Glas. Dadurch vermengen sich die Zutaten perfekt!

Kohlrabi, gefüllt und *mit heller Sauce*

Kinder und Kohl mögen sich selten, oder? Eine Ausnahme bildete zumindest bei Oma der Kohlrabi, denn ihre Kinder liebten das Gemüse in heller Sauce. Ein einfaches Rezept, dessen Basis, die Sauce aus Mehlschwitze, auch gerne für andere Gemüsesorten verwendet wurde. Darüber hinaus finden sich in Omas Aufzeichnungen aber auch mehrere Rezepte für gefüllten Kohlrabi. Und den mögen wiederum meine Kinder sehr gerne, vor allem in der veganen Abwandlung mit Ofengemüse anstelle der Füllung aus Hackfleisch!

ZUTATEN FÜR 4 PERSONEN

4 Kohlrabi
Salz
2 Möhren
2 Zucchini
1 rote Paprika
100 g Pilze
1 Knoblauchzehe
1 Dose Tomaten
2 EL Olivenöl
Zucker
Pfeffer
geriebener Käse (optional)

❶ Die Kohlrabi schälen und in kochendem Salzwasser ca. 30 Minuten zugedeckt kochen, dann abschrecken. Mit einem Löffel die Kohlrabi vorsichtig aushöhlen. Den Backofen auf 180 °C vorheizen. Die Möhren, die Zucchini und die Paprika waschen und auf der Gemüsereibe in nicht zu kleine Stücke reiben. Die Pilze putzen und vierteln. Das Gemüse auf ein mit Backpapier ausgelegtes Backblech geben und auf der mittleren Schiene im Backofen ca. 15-20 Minuten rösten, dabei mehrmals wenden, zum Schluss salzen.

❷ Die Knoblauchzehe schälen und reiben. Die Tomaten mit dem Öl und der geriebenen Knoblauchzehe in einem Topf aufkochen, das Ofengemüse und das Innere der Kohlrabi unterrühren und sämig einkochen. Mit Zucker, Salz und Pfeffer herzhaft abschmecken.

❸ Die Kohlrabi mit dem Gemüse füllen und in eine gefettete Auflaufform setzen. Evtl. mit dem geriebenen Käse bestreuen. Im Ofen ca. 25 Minuten backen. Dazu passt Reis!

HIER DAS REZEPT FÜR KOHLRABI IN HELLER SAUCE:

ZUTATEN FÜR 4 PERSONEN

4 frische Kohlrabi
500 ml Gemüsebrühe

HELLE MEHLSCHWITZE

1 gehäufter EL Margarine
2 EL Mehl
ca. 300 ml Kochbrühe vom Kohlrabi
evtl. Pflanzensahne
Salz
frisch geriebene Muskatnuss
Petersilie zum Bestreuen

❶ Die Kohlrabi schälen und in gleichmäßige Stifte schneiden. In einem Topf die Gemüsebrühe aufkochen, das Gemüse dazugeben und ca. 7 Minuten leicht köcheln lassen. Die Kohlrabi durch ein Sieb abseihen und warm halten, die Gemüsebrühe auffangen.

❷ Für die Sauce die Margarine in einem Topf schmelzen. Das Mehl hinzugeben, mit einem Schneebesen verrühren und kurz anschwitzen. Unter ständigem Rühren die Kochbrühe vom Kohlrabi hinzufügen, die Sauce aufkochen lassen. Sollte die Sauce zu dick sein, etwas Kochbrühe oder auch Pflanzensahne nachgießen. Zum Schluss die Sauce herzhaft mit den Gewürzen abschmecken. Den Kohlrabi in der Sauce aufwärmen und mit Petersilie bestreut servieren.

Semmelklöße mit Pilzragout

Kartoffelklöße, Mehlklöße, Serviettenklöße, Quarkklöße, Grießklöße, Zwiebackklöße – Oma liebte Klöße in allen Variationen! Wenn ihre Nachbarn im Herbst „in die Pilze gingen", brachten sie oft einen Korb mit den frischen Köstlichkeiten vorbei, und die Familie freute sich auf das anschließende Festessen: Semmelklöße mit Pilzragout und knusprigen Semmelbröseln.

ZUTATEN FÜR 4 PERSONEN

KLÖSSE

3 trockene Brötchen
1 gehäufter EL Margarine
200 ml Pflanzensahne
1 Brühwürfel Gemüsebrühe
½ Bund Petersilie
Salz
Pfeffer
evtl. etwas Semmelbrösel

PILZRAGOUT

500 g Pilze nach Wahl
1 Zwiebel
2 EL Öl
2 TL Thymianblättchen
1–2 EL Mehl
400 ml Pflanzensahne (ich nehme Hafersahne)
ca. 2 TL gekörnte Gemüsebrühe

KNUSPRIGE SEMMELBRÖSEL

2 EL Margarine
4 EL Semmelbrösel
ca. ½ TL Salz

1 Die trockenen Brötchen in ca. 2-3 cm große Stücke schneiden und in eine Schüssel geben.

2 In einem Topf die Margarine mit der Pflanzensahne und dem zerdrückten Gemüsebrühwürfel erwärmen (nicht kochen) und über die Brötchenwürfel geben. Die Petersilie hacken und dazugeben. Nach 3-4 Minuten alles gut durchkneten, mit Salz und Pfeffer würzen. Ist der Teig zu feucht, eventuell etwas Semmelbrösel unterkneten. Mit angefeuchteten Händen Klöße formen und in heißes Salzwasser geben. Die Klöße ca. 15 Minuten in heißem Wasser ziehen lassen, bis sie an der Oberfläche schwimmen – nicht sprudelnd kochen lassen, da sie sonst zerfallen!

3 Für das Ragout die Pilze putzen und eventuell halbieren. Die Zwiebel pellen und würfeln.

4 Das Öl in einem Topf erhitzen und die Pilze goldbraun anbraten. Nach ca. 2 Minuten die Zwiebelwürfel und den Thymian unterheben und mitbraten. Das Gemüse mit dem Mehl bestäuben und kurz andünsten. Die Sahne mit der gekörnten Gemüsebrühe verrühren und die Pilze damit ablöschen. Das Pilzragout unter Rühren aufkochen. Mit Salz und Pfeffer herzhaft abschmecken.

5 Für die knusprigen Semmelbrösel die Margarine in der Pfanne schmelzen, dann alle anderen Zutaten hinzufügen und unter Rühren bräunen.

6 Die Knödel mit dem Ragout und den knusprigen Semmelbröseln servieren.

Reibekuchen
mit Apfelmus

Wenn Reibekuchentag war, konnte man ihn riechen! Der Duft von frittierten Kartoffeln durchzog Haus und Hof schon am Vormittag. Oma war dann sehr beschäftigt, denn Unmengen von Kartoffeln mussten geschält und auf der Handreibe (!) gerieben werden. Dann wurden sie mit Eiern und Salz zu einem Teig verrührt und in reichlich Öl in der Pfanne ausgebacken. Die Familie wartete ungeduldig auf die ersten Exemplare, die man am liebsten direkt aus der Pfanne naschte. Und Oma war ausnahmsweise gnädig: Mit fettig glänzenden Fingern durfte zwischendurch probiert werden, bevor alle Reibekuchen zu Türmchen aufgestapelt wurden. Das Mittagessen war ein Fest – Reibekuchen zum Sattessen und dazu Omas Apfelmus!

ZUTATEN FÜR 4 KLEINE PORTIONEN

1 Zwiebel
600 g Kartoffeln (ca. 4 Kartoffeln)
4 EL Weizenmehl (Type 550)
Salz
frisch gemahlener Pfeffer
1 EL Sojamehl (optional)
Öl zum Ausbacken (Oma nahm
    immer Maiskeimöl)
1 Glas Apfelmus
Zimt
Zucker

1 Die Zwiebel schälen und würfeln. Mit einer Reibe die Kartoffeln in eine Schüssel mit kaltem Wasser reiben. Die Kartoffelraspel mit dem Wasser durch ein Sieb schütten, das Wasser auffangen und 10 Minuten ruhen lassen, bis die Kartoffelstärke sich abgesetzt hat. Vorsichtig das Wasser abschütten, die milchige Stärke in der Schüssel lassen und die Kartoffeln, die Zwiebel und das Mehl dazugeben und verrühren. Den Teig herzhaft mit Salz und Pfeffer abschmecken. Diese Reibekuchen werden relativ dünn und knusprig. Mein Vater mag sie lieber etwas dicker, deshalb binde ich für ihn den Teig noch mit 1 EL Sojamehl.

2 Ein Backblech mit Papiertüchern auslegen. Öl zum Ausbacken in einer Pfanne erhitzen. Für jeden Reibekuchen ca. 2 EL Teig im heißen Öl goldbraun ausbacken, dabei wenden. Die Kuchen sollten sich in der Pfanne nicht berühren. Danach zum Aufsaugen des überschüssigen Öls die knusprigen Teilchen auf die Papiertücher legen. Mit Apfelmus, Zimt und Zucker servieren.

Tipp:

Reibekuchen können prima eingefroren werden. Im vorgeheizten Backofen werden sie dann knusprig aufgebacken.

Püfferchen

Omas Antwort auf Waffeln aus dem „neumodischen" elektrischen Waffeleisen (eine Ausnahme machte später ihr Eiserkuchengerät) waren Püfferchen aus der Pfanne. In Westfalen geboren, brachte sie dieses Rezept nach Norddeutschland! Wir liebten die fetttriefenden (Oma geizte nicht mit dem Öl) kleinen Rosinenpfannkuchen, die natürlich warm und dick mit Puderzucker bestreut am besten schmeckten!

ZUTATEN FÜR CA. 30 PÜFFERCHEN

TEIG

500 g Mehl
5 EL Apfelmus
150 g Zucker
1 Pk. Backpulver
2 TL gemahlene Vanille
400 ml Pflanzenmilch (ich nehme Hafermilch)
150 g Rosinen

AUSSERDEM

Öl zum Ausbacken (Oma nahm immer
  Maiskeimöl)
Puderzucker zum Bestreuen

1 In einer Schüssel alle Zutaten für den Teig verrühren. Er soll schwer reißend vom Löffel fallen. In einer Pfanne etwas Öl erhitzen. Den Teig mit einem Esslöffel portionieren und in dem Öl ausbacken.

2 Die Püfferchen mit Puderzucker bestreuen und warm genießen!

Hafersuppe oder
Porridge mit Zucchini

Zum Frühstück gab es bei Oma Marianne Hafersuppe. Sie „verfeinerte" den dünnen Brei aus Milch und Haferflocken mit 1 EL Weizenkleie, weil „die so gesund ist"! Ihr Sohn – mein Schwiegervater – isst auch heute noch zum Frühstück Hafersuppe, allerdings ohne Weizenkleie. Mein Sohn liebt ebenfalls eine Variante dieses nahrhaften Frühstücks, doch er kennt es nur unter dem Namen Porridge! Lange Zeit wusste der Urenkel übrigens nicht, welche „Geheimzutat" die Mama in seiner leckeren Hafersuppe versteckte!

ZUTATEN FÜR 2-3 PERSONEN

150 g Zucchini
100 g Haferflocken (ich nehme 4-Korn-Flocken)
300 g Pflanzenmilch (ich nehme Reis-
 oder Hafermilch)
1–2 Prisen Salz
1–2 El Ahornsirup
evtl. Früchte und/oder Joghurt

1 Die Zucchini schälen und raspeln. (Zur Arbeitserleichterung zerteile ich die Zucchini grob und gebe sie in den Hochleistungsmixer. Der benötigt auf der untersten Stufe nur ein paar Umdrehungen, um feine Raspel zu zaubern.) Die Raspel zusammen mit den übrigen Zutaten in einem Topf unter gelegentlichem Rühren ca. 5 Minuten köcheln.

2 Entweder abkühlen lassen oder noch warm mit Früchten und/oder Joghurt genießen. Wer nicht weiß, dass sich Gemüse im Porridge befindet, wird die Zucchiniraspel nicht herausschmecken.

Hochzeitssuppe, nicht ganz norddeutsch

Die Hochzeitssuppe ist bis heute fester Bestandteil der Speisefolge bei allen offiziellen Anlässen, also Hochzeiten, Geburtstage und auch Beerdigungen. Die Zutaten der Suppe variieren je nach Kulturkreis; Oma z.B. kochte eine norddeutsche Hochzeitssuppe mit klarer Fleischbrühe, Rindfleisch und Gemüse. Als Einlage gab es Eierstich, Fleisch- und Grießklößchen. Da für eine größere Gesellschaft viele kleine Klößchen hergestellt werden mussten, trafen sich am Vortag die Nachbarsfrauen, um gemeinsam diese Arbeit zu verrichten. Während mit den Händen flink die Klößchen gedreht wurden, tratschte man und trank dabei das ein oder andere Schnäpsken. Meine vegane Variante enthält norddeutsche Grießklößchen und süddeutsche Flädle!

ZUTATEN FÜR 4 PERSONEN

FLÄDLE

50 g Mehl (Type 405)
100 ml Pflanzenmilch
1 EL gehackte Petersilie
1 TL gemahlener Leinsamen
1 TL abgeriebene Bio-Zitronenschale
Salz
Pfeffer
Öl zum Ausbacken

GRIESSKLÖSSCHEN

2 TL Margarine
250 g Pflanzenmilch
100 g Hartweizengrieß
1–2 TL gekörnte Gemüsebrühe
1 gestrichener TL Johannisbrotkernmehl
  (oder ein ähnliches Produkt zum Binden)
Salz
Pfeffer
frisch geriebene Muskatnuss
2 EL gehackte Petersilie

SUPPE

500 g Suppengemüse (z.B. 1 Stange Lauch,
  2 Möhren, 1 Viertel Sellerie, 1 Zweig
  Liebstöckel, Petersilie)
2 Möhren
500 g frischer Spargel oder ein Glas Spargel
  (ca. 500 g)
250 g tiefgefrorene Erbsen
2 EL Margarine
1,5 l Gemüsebrühe
1 EL Zucker
Salz
Pfeffer

❶ Für die Flädle alle Zutaten bis auf Salz und Pfeffer in einer Schüssel zu einem Teig verrühren und ca. 5 Minuten quellen lassen. Den Teig mit den Gewürzen herzhaft abschmecken. In einer Pfanne Öl erhitzen und aus dem Teig dünne Pfannkuchen ausbacken. Die Pfannkuchen aufrollen und abkühlen lassen, dann von den Rollen dünne Streifen abschneiden.

❷ Für die Grießklößchen die Margarine mit der Pflanzenmilch in einem Topf schmelzen lassen. Den Grieß mit der gekörnten Gemüsebrühe und dem Johannisbrotkernmehl vermischen und unter die Milch rühren. Weiterrühren, bis sich ein Teigkloß vom Topfboden löst. Die Masse mit den Gewürzen herzhaft abschmecken, die Petersilie unterkneten und kleine Klöße rollen.

❸ Für die Suppe das Suppengemüse putzen und waschen. Den Lauch und alle Möhren in Scheiben, den Sellerie in kleine Würfel schneiden. Frischen Spargel waschen, schälen und die holzigen Enden abschneiden. Die Stangen in Stücke schneiden. Die Erbsen auftauen lassen.

❹ In einem Topf die Margarine schmelzen lassen und den Lauch, alle Möhren und den Sellerie andünsten. Die Gemüsebrühe angießen und den Liebstöckel dazugeben. Die Suppe bei mittlerer Hitze ca. 15 Minuten garen. Den frischen Spargel und die Erbsen dazugeben und weitere 15 Minuten garen. Kurz vor dem Servieren die Grießklößchen und die Flädle (falls Spargel aus dem Glas verwendet wird, diesen ebenfalls) in der Suppe aufwärmen und sie mit Zucker, Salz und Pfeffer abschmecken. Die Petersilie hacken. Die Hochzeitssuppe in eine Terrine füllen, mit Petersilie bestreuen und servieren.

Tipp:

Klassische Grießklößchen enthalten Ei, denn es bindet den Teig. Viele Versuche mit Alternativen waren nicht von Erfolg gekrönt. Diese Klößchen funktionieren prima mit dem Johannisbrotkernmehl. Es bindet kalte und warme Speisen und ist im Bioladen, im Reformhaus oder im Internet erhältlich. Die Flädle und die Grießklößchen können schon am Vortag zubereitet und im Kühlschrank aufbewahrt werden.

Linseneintopf

*One Pot Meals sind momentan ja sehr angesagt! Auch mein Sohn Jo findet diese Art zu kochen „spannend":
Man wirft einfach alle Zutaten für ein Gericht in den Topf – und schwupps ist nach der entsprechenden Kochzeit eine
komplette Mahlzeit fertig. So gesehen war Oma sehr „hip", denn in ihren Aufzeichnungen finden sich viele Gerichte, die
auf diese Art gekocht werden – damals nannte man sie ganz einfach „Eintopf"!
Besonders oft gab es bei Oma aufgrund der günstigen Zutaten in den Nachkriegsjahren den Steckrübeneintopf.
Während ich dieses Gericht sehr liebe, mag mein Vater gekochte Steckrüben nicht mehr essen – zu viele Erinnerungen
an entbehrungsreiche Zeiten sind damit verbunden. Den Linseneintopf mögen wir beide sehr gerne. Auch bei diesem
Rezept benötigt man natürlich nur einen Topf. Allerdings werden nicht alle Zutaten gleichzeitig gekocht, da ich ge-
trocknete Linsen bevorzuge, die vorher im Topf quellen müssen. Wer jedoch Linsen aus der Dose verwenden möchte,
könnte aus diesem Linseneintopf ein echtes One Pot Meal machen!*

ZUTATEN FÜR 4 PERSONEN

200 g Tellerlinsen
1 Zwiebel
2 EL Öl
1 Lorbeerblatt
1 TL Majoran
3 Kartoffeln (ca. 250 g)
3 Möhren (ca. 150 g)
¼ Sellerie (ca. 150 g)
½ Stange Lauch
ca. 1 TL Salz
ca. 1 EL Zucker
ca. 2 EL Essig
Pfeffer
1 EL pflanzliches Apfel-Zwiebel-Schmalz

1 Die Tellerlinsen gründlich waschen. Die Zwiebel schälen und klein schneiden. In einem großen Topf das Öl erhitzen und die Zwiebelstücke darin andünsten. Die Linsen dazugeben, kurz mitdünsten, dann mit 800 ml Wasser ablöschen. Die Linsen aufkochen lassen, das Lorbeerblatt und den Majoran zufügen und ca. 25 Minuten köcheln lassen.

2 Die Kartoffeln, die Möhren und den Sellerie schälen. Das Gemüse waschen, in Würfel schneiden und zu den Linsen geben. Den Lauch waschen, in Ringe schneiden und ebenfalls hinzugeben. Weitere 25 Minuten köcheln lassen und mit Salz, Zucker, Essig, Pfeffer und Schmalz herzhaft abschmecken.

Tipp:

Der Linseneintopf schmeckt am nächsten Tag noch besser. Evtl. dann etwas Wasser hinzugegeben, da die Linsen meistens noch nachquellen.

Tonis scharfer *Bohneneintopf*

Omas Rezepte zum Thema Hülsenfrüchte beginnen z.B. so: „Die Erbsen (oder Bohnen) werden in Regenwasser zum Aufquellen gebracht. Am folgenden Morgen gießt man sie mit kaltem Regenwasser ab, gibt sie mit gewöhnlichem Wasser und etwas Natron aufs Feuer …". Im weiteren Verlauf werden sie erneut abgegossen und dann mit Kartoffeln und Zwiebeln in „Bouillon" gar gekocht! Dieses Rezept ist ein gutes Beispiel, wie sich Familiengerichte über die Generationen verändern. Denn niemals würde meine Tochter Toni auf diese langwierige Weise erst Bohnen einweichen (schon gar nicht in Regenwasser), um daraus den Bohneneintopf kochen! Sie hat das ursprüngliche Familienrezept im Laufe der Jahre sehr verändert und ihren kalifornisch-mexikanisch geprägten Geschmack einfließen lassen. Wir lieben ihren Eintopf, der übrigens prima in großen Mengen vorbereitet werden kann und deshalb auf unseren Partys sehr beliebt ist!

ZUTATEN FÜR 4 PERSONEN

1 Zwiebel
4 Tomaten
1 Knoblauchzehe
230 g Maiskörner aus der Dose
800 g Kidneybohnen aus der Dose
4 EL Olivenöl
400 g stückige Tomaten aus der Dose
ca. 1 TL Salz
ca. 1 EL Zucker
ca. ½ TL gemahlener Kreuzkümmel
    oder mehr nach Geschmack
frische Chilischote nach Geschmack

❶ Die Zwiebel schälen und würfeln. Die Tomaten waschen und vierteln. Die Knoblauchzehe pellen und reiben. Den Mais und die Bohnen in einem Sieb abtropfen lassen.

❷ In einem Topf das Öl erhitzen und die Zwiebel darin andünsten. Nach ca. 3 Minuten alle Tomaten, den Mais, die Bohnen und den Knoblauch unterrühren. Den Eintopf ca. 20 Minuten dickflüssig einkochen lassen, dann herzhaft mit Salz, Zucker, Kreuzkümmel und frischer gehackter Chilischote abschmecken.

Tipp:

Auch dieser Eintopf schmeckt am nächsten Tag erst richtig gut!

Kartoffelsuppe

„Man lässt Butter und Mehl schwitzen und rührt ab mit Bouillon. Dann gibt man (gekochte) abgetropfte und durchgerührte Kartoffeln hinzu. Verdünnt sie soweit nötig mit Bouillon und gibt das nötige Salz und Pfeffer hinzu. Nachdem alles ordentlich durchgekocht ist, richtet man sie (die Suppe) mit geklärter Petersilie an." Auch dieses Rezept wurde im Laufe der Jahre verändert, denn Omas Kartoffelsuppe enthielt später (zu meiner Kinderzeit) Möhren, Lauch und Sellerie – eben Suppengrün! Ganz wichtig war für mich aber die Petersilie, die in Öl kurz frittiert, dann mit Salz bestreut und noch kross auf die sämige Suppe gegeben wurde!

ZUTATEN FÜR 4 PERSONEN

1 Zwiebel
500 g Suppengemüse (z.B. 1 Stange Lauch,
  2 Möhren, 1 Viertel Sellerie, 1 Stängel
  Liebstöckel, ½ Bund Petersilie)
1 kg Kartoffeln
40 g Margarine
1 l Gemüsebrühe
200 ml Pflanzensahne (z.B. Sojasahne) + etwas
  zum Servieren
Salz
Pfeffer
frisch geriebene Muskatnuss
1 TL Senf
2 EL Öl

 Die Zwiebel pellen und würfeln, das Suppengemüse waschen und putzen. Den Lauch und die Möhren in Scheiben, den Sellerie in Würfel schneiden, die Petersilie zur Seite legen. Die Kartoffeln schälen und in Würfel schneiden.

❷ In einem ausreichend großen Topf die Margarine schmelzen und das Gemüse mit dem Liebstöckel und den Kartoffeln darin andünsten. Die Gemüsebrühe angießen und die Suppe ca. 20 Minuten kochen lassen. Mit dem Kartoffelstampfer oder dem Pürierstab die Suppe zerkleinern, die Sahne unterrühren und herzhaft mit Salz, Pfeffer, Muskatnuss und Senf abschmecken.

❸ In einer Pfanne 2 EL Öl erhitzen, die Petersilie darin kurz frittieren und auf einem Küchentuch abtropfen lassen. Die Suppe in Teller füllen, mit einem Klecks Sahne und der Petersilie servieren.

Tipp:

Oma wusste, dass diese Suppe am nächsten Tag erst richtig gut schmeckt!

Sauerampfersuppe

Als Kind saß ich im Frühsommer gerne auf dem Zaun an der Wiese und schaute den Ponys und dem alten Maulesel beim Grasen zu. Zeit hatte damals wenig Bedeutung – sie war eine Maßeinheit der Erwachsenen, die mich nur am Rande betraf! In meiner Erinnerung schien die Sonne, der moorige Boden roch erdig, und ich kaute auf einem Stängel Sauerampfer, dessen sauren und frischen Geschmack ich irgendwie besonders fand. Manchmal pflückte ich ganze Büschel dieses Wildkrautes in der Hoffnung, dass meine Oma daraus mittags ihre Sauerampfersuppe zubereiten würde. Oma kochte sie mit viel Kuhsahne! Meine Version ist heute roh, wird kalt serviert und eignet sich perfekt für ein leichtes Mittagessen an einem warmen Frühsommertag!

ZUTATEN FÜR 2 PERSONEN

1 Bund Sauerampfer
500 ml kalte Hafersahne
Salz
Pfeffer aus der Mühle

OPTIONAL

frisch geröstete Mandel- oder
   Haselnussblättchen
ein paar Tropfen leckeres Öl
   (z.B. Haselnuss- oder Mandelöl)
Blüten zur Dekoration
Eiswürfel

1. Den Sauerampfer waschen und die Stiele abschneiden. Die Blätter mit der Hafersahne im Hochleistungsmixer cremig rühren und mit Salz und Pfeffer abschmecken.

2. Zum Servieren die kalte Suppe auf Teller verteilen und mit gerösteten Mandel- oder Haselnussblättchen und ein paar Tropfen Öl servieren. Falls es mal so richtig heiß im Norden Deutschlands ist, erfrischen ein paar Eiswürfel im Süppchen ganz prima.

Kartoffelsalat

Das Rezept für den Kartoffelsalat war eine Art „Heiligtum". Oma und später meine Mutter rührten ihn nur zu besonderen Anlässen an, denn der Aufwand war groß! Die Mayonnaise wurde nämlich eigenhändig hergestellt, und das erforderte einerseits Fingerspitzengefühl, denn das Öl durfte nur in dünnem Strahl unter die Eigelbe geschlagen werden, damit die Masse nicht gerann. Um eine stabile Emulsion zu bekommen, musste die Mayonnaise andererseits kräftig geschlagen werden. Meine Mayonnaise besteht zwar auch aus Öl, wird aber mit Sojamilch und Zitronensaft emulgiert. Das geht übrigens mit dem Handrührgerät superschnell und wetten, keiner bemerkt einen Unterschied zur nicht-veganen Variante?

ZUTATEN FÜR 4 PERSONEN

1 kg Kartoffeln
1 kleine Zwiebel
1 kleiner süßer Apfel
4 Gewürzgurken + 4 EL Gewürzgurkensud (die Flüssigkeit
    aus dem Glas der Gewürzgurken)
1 Rezept Mayonnaise (siehe rechts) oder 1 Glas gekaufte
    vegane Mayonnaise
1 EL Senf
1 EL Zucker

❶ Die Kartoffeln in der Schale kochen. Abkühlen lassen, pellen und in Scheiben schneiden. Die Zwiebel pellen und würfeln. Den Apfel schälen, vom Kerngehäuse befreien und würfeln. Die Gewürzgurken würfeln.

❷ Erst die Zwiebelwürfel in einer Pfanne andünsten, dann die Apfelwürfel ca. 1 Minute mitdünsten. Die Mischung zusammen mit den Gewürzgurken und dem Gewürzgurkensud unter die Kartoffeln heben und abkühlen lassen.

❸ In einer Schüssel die Mayonnaise mit dem Senf und dem Zucker vermischen und mit den Kartoffeln verrühren. Den Kartoffelsalat am besten über Nacht im Kühlschrank durchziehen lassen.

VEGANE MAYONNAISE

ZUTATEN FÜR CA. 250 G

100 ml Sojamilch
1 EL Essig
mildes Öl (ich nehme Maiskeimöl wie Oma auch)
1 TL Senf
Salz
Pfeffer

❶ In einem Rührbecher die Sojamilch mit dem Essig verrühren und kurz ruhen lassen, bis die Sojamilch andickt (ca. 1 Minute), dann mit dem Pürierstab aufmixen. Während des Mixens das Öl in regelmäßigem Strahl hinzufließen lassen. Die Mayonnaise wird langsam cremig und dickt an. Wenn die gewünschte Konsistenz erreicht ist, mit Senf, Salz und Pfeffer abschmecken.

Onkel Joes Weißkohlsalat

Weißkohlsalat wurde bei Oma mit Essig und Öl angemacht. Eigentlich! Doch dann lernte sie Onkel Joe aus Amerika kennen. Der schwärmte von seinem Coleslaw, und eines Tages ersetzte sie ihre Vinaigrette durch Mayonnaise. Die Familie war begeistert.

ZUTATEN FÜR 4 PERSONEN

500 g Weißkohl
1 TL Salz
2 Möhren
1 Zwiebel
1 Rezept Mayonnaise (siehe S. 104) oder
  1 Glas gekaufte vegane Mayonnaise
1 Handvoll Rosinen

1 Die äußeren Blätter des Weißkohls entfernen. Den Kohl halbieren, den Strunk herausschneiden und die Blätter in feine Streifen schneiden. In einer Schüssel den Kohl mit dem Salz mischen und alles kräftig durchkneten. Das macht den Kohl saftig. Die Möhren waschen und raspeln. Die Zwiebel schälen und in feine Ringe schneiden.

2 Das Gemüse vermischen. Die Mayonnaise zusammen mit den Rosinen zum Salat geben und ihn ca. 30 Minuten ziehen lassen.

Waldorfsalat

Als Kind konnte ich beim besten Willen nicht nachvollziehen, warum die Erwachsenen bei Familienfeiern fast in Jubelschreie ausbrachen (ähnlich verzückt war man übrigens beim Anblick des Frankfurter Kranzes), wenn der Waldorfsalat aufgetischt wurde. Heute bereite ich diesen Salat wie bei Oma und abweichend vom Original mit Mandarinen zu und liebe die Kombination des Selleries mit dem Obst, den knackigen Walnüssen und der cremigen Mayonnaise! Ach ja, meine Kinder scheinen noch zu jung zu sein für diese Leckerei!

ZUTATEN FÜR 4 PERSONEN

1 Knollensellerie
Salz
1 Zwiebel
2 rotschalige Äpfel
Saft von ½ Zitrone
50 g gehackte Walnüsse
1 Rezept Mayonnaise (siehe S. 104) oder
  1 Glas gekaufte vegane Mayonnaise
Salz
Pfeffer aus der Mühle

1 Den Sellerie waschen, schälen und in feine Stifte hobeln. Das Gemüse in Salzwasser blanchieren, abgießen, kalt abschrecken und gut abtropfen lassen. Die Zwiebel pellen und fein würfeln. Die Äpfel waschen, vierteln, das Kerngehäuse entfernen und die Viertel in feine Stifte hobeln. Die Apfelstifte mit dem Zitronensaft mischen. Die Walnüsse in einer Pfanne ohne Fett rösten.

2 Sämtliche Salatzutaten miteinander vermengen und abschmecken. Den Salat mindestens 30 Minuten ziehen lassen.

Omas sonnenwarmer *Tomatensalat*

Die Tomatenpflanzen standen in alten Plastikeimern an der Südseite des Hauses. Oma wässerte sie an warmen Tagen zweimal. Ich erinnere mich noch gut an den herbwürzigen Geruch, den die Stängel verströmten, wenn sie die Triebe aus den Blattachseln knipste. Meistens bekam ich die erste reife Tomate des Tages, die von der Sonne gewärmt süß in meinem Mund zerplatzte. Und zum Abendessen gab es in der Erntezeit ein köstliches Tomatenbrot. Dafür wurde eine Scheibe Graubrot in etwas Öl in der Pfanne angebraten (später steckte Oma die Scheiben einfach in den Toaster und träufelte anschließend etwas Olivenöl auf das krosse Brot) und mit Tomatensalat belegt. Tomaten, Zwiebel, Brot, Öl, Salz, Pfeffer – und der Genuss war perfekt!

ZUTATEN FÜR 4 BROTSCHEIBEN

500 g Tomaten (am besten aus dem Garten
  oder vom regionalen Erzeuger)
1 kleine Zwiebel
2 EL + 4 EL Olivenöl
Salz
Pfeffer
4 Scheiben Brot

1 Die Tomaten waschen, den Stielansatz entfernen und die Tomaten in Scheiben schneiden. Die Zwiebel pellen und in feine Ringe schneiden. In einer Schüssel das Gemüse mit 2 EL Öl vorsichtig vermischen und mit Salz und Pfeffer abschmecken. Die Brotscheiben toasten, jede Scheibe mit jeweils 1 EL Olivenöl beträufeln und mit dem Tomatensalat belegen.

Arme Ritter

Die Enkel kamen überraschend zum Mittagessen? Kein Problem für Oma! Schnell holte sie ihr Graubrot aus dem alten Brotkasten, tunkte einige Scheiben in Eiermilch und briet diese in reichlich Butter aus. Noch heiß bestäubte sie die Armen Ritter mit Puderzucker, und wenn man Glück hatte, öffnete sie dazu ein Glas Pflaumenmus ... Heute liebe ich die Armen Ritter noch immer, allerdings wird die Eiermilch durch Tofumilch ersetzt, und ich verwende meistens die übrig gebliebenen Brötchen vom Frühstück. Getoppt wird die süße Leckerei mit frischen Früchten der Saison!

ZUTATEN FÜR 4 PERSONEN

250 g Obst (z.B. Himbeeren und Brombeeren)
ca. 4 TL Marmelade
200 g Seidentofu (erhältlich im Bioladen, alternativ kann auch weicher Natur-Tofu verwendet werden)
ca. 125 ml Sojamilch (Vanille)
2 EL Zucker
Zucker und Zimt nach Geschmack
4 Brötchen
ca. 2–3 EL Margarine
Puderzucker zum Bestäuben

1 Das Obst waschen, evtl. in Stücke schneiden, mit der Marmelade verrühren und zur Seite stellen. In einer Schüssel den Tofu, die Sojamilch und den Zucker mit einem Pürierstab aufschlagen, die Konsistenz sollte cremig sein (falls der festere Natur-Tofu verwendet wird, evtl. etwas mehr Pflanzenmilch zufügen). Die Creme in einen tiefen Teller geben. In einer Schale Zucker mit Zimt mischen. Die Brötchen halbieren und flach drücken. Die Scheiben von beiden Seiten in die Tofumilch tauchen und abtropfen lassen.

2 In einer Pfanne die Margarine erhitzen und die Brötchenscheiben von beiden Seiten anbraten. Jeweils ca. 1 TL Zimtzucker auf jede Hälfte streuen, wenden und karamellisieren lassen. Mit den nun oben liegenden Seiten ebenso verfahren. Achtung, der Zucker brennt schnell an! Die Armen Ritter auf Teller legen, mit Puderzucker bestäuben und mit dem Obst sowie der restlichen Tofucreme (evtl. nach Geschmack süßen) servieren.

Holunderbeerensuppe
mit Grießnocken

Die Holunderbeerensuppe ist ein gutes Beispiel, wie einfach, gesund und schmackhaft zu Omas Zeiten gekocht wurde. Der Holunder wächst wild in den Hecken an den Weiden, seine Beeren können im Frühherbst deshalb reichlich geerntet werden. Sie enthalten viel Vitamin C, weshalb der Saft von Oma gerne bei Erkältungen verabreicht wurde. Die Suppe schmeckt intensiv fruchtig und durch die Grießnocken sanft süß – eine perfekte Verbindung!

ZUTATEN FÜR 4 PERSONEN

SUPPE

1,2 kg Holunderbeeren oder 1 l fertiger
  Holunderbeerensaft (ungesüßt)
1 Zimtstange
2 gehäufte EL Speisestärke
120 g Zucker
1 Bio-Zitrone, Saft und Zesten
1 Apfel

GRIESSNOCKEN

250 ml Pflanzenmilch (ich nehme Mandel-
  oder Hafermilch)
30 g Zucker
2 TL Margarine
1 TL gemahlene Vanille
1 Prise Salz
50 g Grieß

1 Für die Suppe die Holunderbeeren waschen, abtropfen lassen und von den Stielen zupfen. Die Beeren mit 1 l Wasser ca. ½ Stunde weich kochen. Anschließend die Beeren und die Flüssigkeit durch ein Sieb in einen Topf drücken. Diesen Saft oder fertig gekauften Saft mit der Zimtstange in einem Topf aufkochen und ca. 10 Minuten ziehen lassen. Die Stärke mit etwas kaltem Wasser anrühren und zusammen mit dem Zucker, dem Zitronensaft und der Hälfte der Zitronenzesten in den Holundersaft rühren. Unter Rühren aufkochen lassen, ca. 2 Minuten kochen und abkühlen lassen. Den Apfel schälen, das Kerngehäuse entfernen und das Fruchtfleisch in kleine Würfel schneiden. Die Würfel unter die Suppe rühren.

2 Für die Nocken die Pflanzenmilch mit dem Zucker, der Margarine, der Vanille und dem Salz aufkochen und unter Rühren den Grieß einrühren. Die Grießmasse ca. 5 Minuten einkochen, dabei umrühren. In eine Schale füllen und erkalten lassen.

3 Zum Servieren die Suppe auf Teller verteilen, von der Grießmasse mit einem Teelöffel Nocken abstechen und auf der Suppe verteilen, mit den übrigen Zesten der Zitronenschale dekorieren.

Tipp:

Die Grießnocken können am Vortag zubereitet und im Kühlschrank aufbewahrt werden. Sie lassen sich dann besser verarbeiten.

Beerengrütze mit Omas Sago

Perlsago – das rote Tütchen mit den Stärkeperlen stand bei Oma immer zwischen Mehl und Zucker. Auf dem Etikett war ein kleiner Müller mit roter Mütze abgebildet, der einen riesigen Sack auf dem Rücken trug. Als Kind versuchte ich mir vorzustellen, wie schwer dieser Sack mit dem Sago wohl sein musste! Für Oma war eine Beerengrütze ohne die glibberigen Perlen aus Tapiokastärke undenkbar, und ich liebte diesen Nachtisch mit ganz viel Vanillesauce! Heute mögen wir den Geschmack der Kokosnuss sehr gerne zur Beerengrütze und genießen sie deshalb mit Kokoscreme und Kokoschips!

ZUTATEN FÜR 4 PERSONEN

1 Dose Kokosmilch (400 g)
ca. 2 EL Zucker + evtl. etwas zum Nachsüßen
1 l Kirschsaft
ca. 100 g Sago
400 g frische Beeren
1 Handvoll Kokoschips

1. Die Dose Kokosmilch für ca. 1 Stunde in den Gefrierschrank stellen. Danach die Dose öffnen und nur die feste weiße Kokoscreme in einen Rührbecher füllen. Den durchsichtigen Saft anderweitig verwenden (z.B. in Smoothies). Ca. 2 EL Zucker zu der weißen Kokoscreme geben und mit einem Pürierstab kurz aufschlagen. Die Creme bis zum Verzehr zurück in den Gefrierschrank stellen.

2. Den Kirschsaft in einen Topf füllen und Sago hinzugeben (Ich lasse die Stärkeperlen im Saft gerne 10 Minuten quellen, damit sie später nach dem Kochen auch wirklich glasig sind und keinen harten Stärkekern behalten).

3. Die Flüssigkeit dann aufkochen und ca. 20 Minuten leise köcheln lassen, bis eine Grütze entstanden ist und die Perlen durchsichtig sind. Eventuell nachsüßen und die Grütze etwas abkühlen lassen. Die Beeren waschen, verlesen und unter die Grütze heben. Die Kokoscreme aus dem Gefrierschrank nehmen, kurz erneut cremig aufschlagen, falls sie gefroren sein sollte. Die Grütze auf Teller verteilen und zusammen mit der Kokoscreme und den Kokoschips servieren.

Plum un Klüten

Dieses typische Gericht aus dem Umland Bremens besteht aus Pflaumen und Mehlklößen, die bei Oma mit Speck „verfeinert" wurden. Die Zutaten konnten allesamt aus dem Vorrat genommen werden; so war man nicht von den Jahreszeiten abhängig. Je nach Haushaltslage gab es mal mehr und mal weniger Speck. Mein Rezept benötigt natürlich gar kein Fleisch! Der herzhafte Geschmack wird durch das Zwiebelschmalz erzielt. Die Mehlklöße werden locker durch Backpulver und Apfelmus. Eine ultimativ richtige Konsistenz für Mehlklöße gibt es übrigens nicht. Oma liebte kleine feste Klöße, während schon die Nachbarin große luftige Klüten machte. Ob mit oder ohne Zucker, groß oder klein, fest oder locker - nur in Verbindung mit der Backpflaumensuppe schmecken sie so richtig gut. Und sensationell werden sie, wenn Omas knusprige Semmelbrösel reichlich darübergestreuselt werden.

ZUTATEN FÜR 4 PERSONEN

PLUM

500 g Backpflaumen ohne Stein
2 EL pflanzliches Zwiebelschmalz
½ l Apfelsaft
½ TL Zimt
evtl. etwas Mehl zum Andicken
Salz
Essig

KLÜTEN

160 g Weizenmehl
2 TL Backpulver
30 g Zucker
3 EL Apfelmus
75 ml Pflanzenmilch
½ TL Salz

KNUSPRIGE SEMMELBRÖSEL

2 EL Margarine
4 EL Semmelbrösel
ca. ½ TL Salz

❶ Für die „Plum" in einem Topf die Backpflaumen mit dem Schmalz, dem Apfelsaft und dem Zimt aufkochen und ca. 10 Minuten köcheln lassen. Die Pflaumensuppe soll sämig sein, evtl. etwas Mehl mit kaltem Wasser vermischen, zu der Pflaumenflüssigkeit geben und diese erneut aufkochen. Dann mit Salz und etwas Essig abschmecken.

❷ Für die „Klüten" das Mehl mit dem Backpulver und dem Zucker verrühren und mit dem Apfelmus (anstelle der Eier lockert es den Teig) und der Pflanzenmilch zu einem Teig verarbeiten. Er sollte am Löffel kleben bleiben. Ist er zu flüssig, mehr Mehl einarbeiten, ist er zu fest, etwas mehr Pflanzenmilch verwenden.

❸ Einen Topf zur Hälfte mit Wasser füllen, kräftig salzen und zum Kochen bringen. Die Hitze reduzieren, das Wasser sollte simmern. Mit einem Teelöffel (oder Esslöffel - je nach gewünschter Größe) Klöße vom Mehlteig abstechen und ins Wasser gleiten lassen. Das funktioniert am besten mit einem nassen Löffel. Die „Klüten" sind gar, wenn sie an die Oberfläche steigen.

❹ Für die knusprigen Semmelbrösel die Margarine in einem Topf zerlassen und das Paniermehl und das Salz hinzugeben. Unter Rühren das Paniermehl rösten, bis es knusprig und braun ist. Zum Servieren mit einer Kelle die „Plum" in tiefe Teller geben, einige „Klüten" darauf verteilen und mit den gerösteten Semmelbröseln bestreuen.

Quarkklöße mit Aprikosen

Im Sommer stand oft eine Schale der Lieblingsfrüchte meiner Oma auf dem Küchentisch und verführerisch versprachen sie einen Mundvoll saftige Süße! Aber oft war ich enttäuscht, denn entweder entpuppten sich die kleinen Früchte als hart und sauer oder schon mehlig! Doch welch ein leckeres Geheimnis lüftete sich, wenn ich die dicken Quarkklöße mit der Gabel zerteilte! Während des Bades im Salzwasser verwandelten sich die Aprikosen nämlich auf wunderbare Weise in eine saftig süße Leckerei, die kombiniert mit dem Quarkmantel und den knusprigen Semmelbröseln einfach himmlisch schmeckte!

ZUTATEN FÜR 4 PERSONEN

KNÖDEL

500 g Sojajoghurt
500 g Mehl
100 g Zucker
1 TL Backpulver
ca. 12 Aprikosen
ca. 12 Stück Würfelzucker
Salz

KNUSPRIGE SEMMELBRÖSEL

120 g Margarine
100 g Semmelbrösel
4 EL Zucker
1 TL Zimt

1 Ein Sieb mit einem Haushaltspapiertuch auslegen und den Sojajoghurt in dem Sieb ca. 2 Stunden abtropfen lassen. Das Mehl mit dem Zucker und dem Backpulver vermischen, den abgetropften Joghurt dazugeben und alles zu einem geschmeidigen Teig verkneten. Ist der Teig zu flüssig, etwas Mehl hinzugeben, ist er zu fest, etwas Joghurt unterrühren.

2 Die Aprikosen waschen, halb durchschneiden, den Kern entfernen und in das Loch jeweils ein Stück Würfelzucker füllen. Die Aprikosen schließen. Aus dem Teig mit bemehlten Händen ca. 12 Kugeln formen. Jede Kugel flach drücken, eine Aprikose in die Mitte legen und den Teig um die Frucht herum zusammendrücken. Es sollte keine „Naht" sichtbar sein.

3 In einem ausreichend großen Topf Salzwasser zum Kochen bringen, dann die Hitze herunterschalten. Mit einer Schöpfkelle die Klöße vorsichtig in das Wasser gleiten lassen. Die Klöße sind gar, wenn sie an die Oberfläche steigen – das dauert ca. 10 Minuten.

4 Für die knusprigen Semmelbrösel die Margarine in der Pfanne schmelzen, dann alle anderen Zutaten hinzufügen und unter Rühren bräunen.

5 Die Klöße dick mit den knusprigen Semmelbröseln bestreuen und warm mit Vanillesauce (Rezept siehe S. 125) servieren!

Scharfe Birne Helene

*Die Birne Helene darf natürlich hier nicht fehlen, denn Oma hat dieses Dessert geliebt.
Meine Helene ist heute nicht mehr ganz so sanft, denn ein wenig Chili in der Schokoladensauce und ein
paar Krümelchen Fleur de Sel geben ihr den Kick!*

ZUTATEN FÜR 4 PERSONEN

4 kleine, nicht zu reife Birnen
2 EL Zitronensaft
3–4 gehäufte EL Zucker
1 TL gemahlene Vanille
200 ml Pflanzensahne (ich nehme Hafer-
    oder Sojasahne)
100 g Zartbitter-Schokolade
1 EL Margarine
Chiliflakes
500 g Vanilleeis
Fleur de Sel

1 Die Birnen schälen. In einem ausreichend großen Topf 500 ml Wasser mit dem Zitronensaft, dem Zucker und der Vanille aufkochen.

2 Die Birnen in das Wasser legen, nochmals aufkochen lassen und die Früchte je nach Reife ca. 8-12 Minuten garziehen lassen. Im Wasser liegend erkalten lassen, damit sie sich nicht verfärben.

3 Für die Schokoladensauce in einem kleinen Topf die Sahne erhitzen, die Schokolade in kleinen Stücken darin schmelzen lassen und die Margarine unterrühren. Nach Geschmack wenige Chiliflakes unterrühren.

4 Die Birnen auf Tellern mit einer Kugel Vanilleeis und der Schokoladensauce servieren und nach Geschmack mit ein wenig Fleur de Sel bestreuen.

Bratapfel mit Vanillesauce

Allein der Gedanke an einen Bratapfel löst bei uns doch die herrlichsten Erinnerungen und Gefühle aus, oder? Ich denke an schneereiche Rodelabfahrten und Schlittschuhläufe auf den überschwemmten und zugefrorenen Wiesen. Mit glühenden Gesichtern und rot gefrorenen Näschen zog es uns anschließend an den Kachelofen, aus dessen Bratapfel-fach schon der köstliche Duft nach Zimt und Mandeln aufstieg. Oma wusste, wie sie uns glücklich machen konnte!

ZUTATEN FÜR 4 ÄPFEL

BRATÄPFEL

60 g Marzipan-Rohmasse
40 g gehackte Mandeln
2 EL Rum (optional)
4 säuerliche Äpfel
4 TL Preiselbeeren aus dem Glas
ca. 25 g Margarine
Zucker
Zimt

VANILLESAUCE

2 EL Speisestärke
500 ml Sojamilch (Vanille)
4 EL Zucker
Mark von ½ Vanilleschote
1 Prise Salz
Puderzucker zum Bestäuben

1 Den Backofen auf 160 °C Umluft vorheizen. Das Marzipan fein würfeln, mit den gehackten Mandeln und nach Wunsch mit dem Rum vermengen. Die Äpfel waschen, einen Deckel abschneiden, das Kerngehäuse großzügig ausstechen.

2 Die Äpfel in eine geeignete gefettete Form setzen. In jeden Apfel 1 TL Preiselbeeren geben, mit der Marzipan-Mandel-Mischung auffüllen und evtl. den Deckel wieder aufsetzen. Die Margarine in Flöckchen auf die Äpfel setzen und sie mit Zimtzucker bestreuen. Die Äpfel auf der mittleren Schiene im Ofen ca. 20 Minuten garen.

3 Für die Sauce die Stärke mit 50 ml der Pflanzenmilch und 1 EL des Zuckers glatt rühren. Die übrigen Zutaten in einem Topf aufkochen, die angerührte Stärke unterrühren und die Milch nochmals aufkochen. Die Sauce etwas abkühlen lassen. Die Äpfel mit Puderzucker bestäuben und mit der Vanille-sauce servieren.

Bettelmann

Ein weiteres Dessert mit Äpfeln findet sich bei Oma unter dem Namen Bettelmann. Ich kann mich nicht daran erinnern, es als Kind bei ihr gegessen zu haben – das allerdings könnte am Weißwein liegen, der in diesem Rezept Verwendung findet und es zu einer echten Erwachsenen-Schlemmerei macht! Besonders beachtenswert finde ich in diesem Zusammenhang mal wieder die Schlichtheit der handschriftlichen Aufzeichnung: „Man gibt Apfelmus schichtweise mit geriebenem Schwarzbrot, Zucker und Korinthen in eine Form, gibt so viel Weißwein darauf, als es annimmt und lässt es ca. 1 Stunde backen." Meine Version ist heute alkoholfrei!

ZUTATEN FÜR 4-6 PERSONEN

6 große Äpfel
100 g Zucker
200 ml Apfelsaft (oder Weißwein)
100 g Korinthen
3 EL Margarine + zusätzlich zum Bestreuen
6 Brötchen
Zucker
Zimt
Vanillesauce (Rezept siehe S. 125)

1 Den Backofen auf 180 °C vorheizen. Die Äpfel schälen, das Kerngehäuse entfernen und das Fruchtfleisch in Scheiben schneiden. In einem Topf die Apfelscheiben mit dem Zucker, dem Apfelsaft (oder dem Wein), den Korinthen und der Margarine weich dünsten. Die Brötchen in Scheiben schneiden.

2 Eine Auflaufform einfetten, den Boden und die Wände mit Brötchenscheiben bedecken und die Apfelscheiben mit der Flüssigkeit einfüllen. Die restlichen Brötchenscheiben darauflegen und diese mit Zucker und Zimt und ein paar Margarineflöckchen bestreuen. Den Auflauf auf der mittleren Schiene goldbraun backen. Dazu passt Vanillesauce.

Apfelcharlotte

Omas Puddingformen lagen im Schrank – nie wäre sie auf die Idee gekommen, „dat olle Metall" sichtbar an die Wand zu hängen! Heute sind die alten Formen mit Deckel eine beliebte Dekoration in der Küche – benutzt werden sie hingegen selten! Leider haben es Omas Formen nicht in die heutige Zeit geschafft. Doch meine Mutter kennt noch die Schichtspeise aus altbackenem Brot und Äpfeln, die in einer Puddingform im Wasserbad im Ofen garte und anschließend mit Vanillesauce warm auf den Tisch kam. Meine Charlotte wird einfach in einer Schüssel geschichtet, benötigt kein Wasserbad und ist in ca. 30 Minuten zubereitet!

ZUTATEN FÜR 4 PERSONEN

4 Äpfel
1 Bio-Zitrone
50 g Zucker
40 g Sultaninen
1 TL Zimt
1 TL gemahlene Vanille
ca. 6 EL Margarine
1 EL Zucker
8 Scheiben Weißbrot
Vanillesauce (Rezept siehe S. 125)
   oder Vanilleeis

1 Den Backofen auf ca. 200 °C vorheizen. Die Äpfel schälen und würfeln. Die Zitrone abreiben und den Saft auspressen. Die Äpfel mit dem Zucker, den Sultaninen, dem Zimt, der Vanille und dem Saft der Zitrone in einem Topf aufkochen und ca. 3 Minuten köcheln lassen.

2 Eine ofenfeste hohe Schüssel (ca. 1 l Fassungsvermögen) mit 1 EL Margarine einfetten und mit Zucker ausstreuen. Die Rinde der Weißbrotscheiben abschneiden und die Scheiben mit Margarine bestreichen.

3 Eine Scheibe rund ausschneiden und auf den Boden der Schüssel legen. Die übrigen Scheiben in ca. 3 cm dicke Streifen schneiden und die Schüssel damit fächerartig auskleiden. Die Apfelmasse einfüllen. Die herausragenden Weißbrotscheiben auf die Apfelmasse klappen und andrücken. Die Apfelcharlotte ca. 20 Minuten auf der mittleren Schiene backen. Warm aus der Form stürzen. Dazu passen Vanillesauce oder Vanilleeis!

Pumpernickel-
Schichtspeise

Hätte sich Oma ein Leben ohne Pumpernickel vorstellen können? Ich fand es jedenfalls ganz normal, dass sie auf ihren mehrtägigen Besuchen bei den Kindern und Enkeln ihr eigenes Vollkornbrot, traditionell verpackt in Silberfolie und mit einem Gummiband gesichert, mitbrachte. Aber das Pumpernickel ist ja auch etwas ganz Besonderes! Im mittelalterlichen Westfalen erfunden, wird das nur aus Roggenschrot, Wasser und Salz bestehende Brot in einem aufwändigen Verfahren erst gebacken, dann gedämpft. Es benötigt mindestens 16 Stunden der Reife. Durch verschiedene Enzymreaktionen schmeckt das fertige Pumpernickel karamellartig süß. Deshalb mochte ich als Kind dieses Schwarzbrot auch besonders gerne, vor allem, wenn Oma für mich eine Scheibe Pumpernickel und eine Scheibe Weißbrot mit Butter und Marmelade bestrich und zu einer Art Sandwich zusammenfügte oder daraus diesen Nachtisch zubereitete!

ZUTATEN FÜR 4 PERSONEN

120 g Pumpernickel
3–5 EL Zucker
60 g Schokolade
500 g Quark oder Sojajoghurt (Sojajoghurt
  ca. 2 Stunden in einem Sieb abtropfen lassen)
1 TL gemahlene Vanille
1 Glas Sauerkirschen (ca. 370 ml)

❶ Die Pumpernickelscheiben zerbröseln und in einer Pfanne ohne Fett ca. 3 Minuten leicht anrösten. 1 EL Zucker über die krossen Brösel streuen und karamellisieren lassen, dann auf Backpapier ausbreiten und abkühlen lassen. Die Schokolade fein reiben und mit den Bröseln vermischen. Den Quark oder den abgetropften Joghurt mit dem restlichen Zucker und der Vanille nach Geschmack süßen. Die Sauerkirschen abtropfen, den Saft anderweitig verwenden.

❷ In vier Gläsern abwechselnd die Pumpernickel-Schokoladenbrösel, den Quark und die Kirschen schichten. Mit den Bröseln abschließen und bis zum Servieren kühl stellen.

Kalter Hund
im Dezember

Auf den Kindergeburtstagen im Dorf durfte er nicht fehlen – der Kalte Hund war der Lieblingskuchen meiner Kindheit. Über seinen sonderbaren Namen schien sich irgendwie kein Kind zu wundern! Am besten schmeckte die Schichtspeise aus Keks, Kakaopulver, Kokosfett und Ei, wenn der Geburtstag vorbei war und die Zutaten ein paar Tage Zeit hatten, sich miteinander zu verbinden. Leider kam es nicht so oft dazu, denn auch die Erwachsenen naschten immer wieder gerne vom Kalten Hund und schnell lagen nur noch Krümel auf der Tortenplatte! In der Weihnachtsversion verwende ich heute Spekulatius und Zartbitterschokolade!

ZUTATEN FÜR EINE KASTENFORM

500 g Zartbitterschokolade
250 ml Pflanzensahne (ich nehme Sojasahne)
200 g Kokosfett
50 g Puderzucker
2 TL gemahlene Vanille
1 Fläschchen Rumaroma
1 Prise Salz
250 g Spekulatius
weihnachtliche Zuckerdekoration

1 In einem Topf bis auf die Spekulatius alle Zutaten bei milder Hitze unter Rühren schmelzen. Die Masse etwas abkühlen lassen. Eine Kastenform (ca. 25 cm Länge) mit einem Gefrierbeutel auskleiden. Eine Schicht Schokoladencreme einfüllen, mit einer Schicht Keksen bedecken usw., bis die Zutaten verarbeitet sind.

2 Jetzt schnell den Kuchen in den Kühlschrank stellen und warten, bis die Creme fest geworden ist. Den Kuchen auf eine Tortenplatte stürzen und sofort ein Stück abschneiden! Mmmmh –am nächsten Tag schmeckt der Kalte Hund noch besser!

Kalte Ente

Karneval wurde am liebsten in Oma Helenes kleiner Küche gefeiert, und getrunken wurde natürlich die Kalte Ente! Auf den alten Fotos sieht man, dass der Genuss der Bowle für allgemeine Heiterkeit zu fortgeschrittener Stunde bei Oma und auch meinen zukünftigen Eltern sorgte. Allerdings fehlt auf den Bildern die Kristallkaraffe mit dem schnabelartigen silbernen Ausgießer, die der Bowle ihren Namen gab. Sie stand früher in fast jedem Haushalt und war oft sogar Bestandteil der Aussteuer. In meiner Kalten Ente wird übrigens heute die alkoholfreie Version der Bowle zubereitet!

ZUTATEN FÜR CA. 2,5 L

3 Bio-Zitronen
ca. 2 EL Puderzucker
1 Pk. Vanillezucker
1 Flasche trockener Weißwein
1 Flasche Sekt
1 Flasche Mineralwasser mit Kohlensäure
Eiswürfel

1 Die Zitronen heiß waschen, trockenreiben, die Schale spiralförmig abschälen und die Zitronen auspressen. Den Zitronensaft, den Puderzucker und den Vanillezucker in einem Bowlegefäß mit dem Wein verrühren, die Zitronenschale dazugeben und am besten im Kühlschrank ca. 2 Stunden durchziehen lassen. Die Bowle mit Sekt und Mineralwasser auffüllen und mit Eiswürfeln kühlen.

Tipp:

Für eine alkoholfreie Kalte Ente ersetze ich den Weißwein durch hellen Traubensaft und verwende einen alkoholfreien Sekt. Je nach Süße des Saftes muss kein Puderzucker verwendet werden. Die Käsespieße auf dem Foto bestehen übrigens aus veganem Käse und Weintrauben!

Register